VIDA DE EQUILIBRISTA

Cecília Russo Troiano

VIDA DE EQUILIBRISTA

Dores e delícias da mãe que trabalha

EDITORA CULTRIX
São Paulo

Editora de texto: **Margit Krause.**

Capa: **Mariana Jorge.**

Ilustração da capa: **Ivana Miranda.**

Projeto gráfico: **Carla de Franco.**

Dados Internacionais de Catalogação na Publicação (CIP)
(Câmara Brasileira do Livro, SP, Brasil)

Troiano, Cecília Russo
Vida de equilibrista : dores e delícias da mãe que trabalha / Cecília Russo Troiano. -- São Paulo : Cultrix, 2007.

ISBN 978-85-316-0988-6

1. Mães trabalhadoras 2. Mães trabalhadoras - Relações familiares I. Título.

07-6676 CDD-331.44

Índices para catálogo sistemático:

1. Mães trabalhadoras : Economia do trabalho 331.44

O primeiro número à esquerda indica a edição, ou reedição, desta obra. A primeira dezena à direita indica o ano em que esta edição, ou reedição, foi publicada.

Edição	Ano
1-2-3-4-5-6-7-8-9-10-11	07-08-09-10-11-12-13-14

Direitos reservados
EDITORA PENSAMENTO-CULTRIX LTDA.
Rua Dr. Mário Vicente, 368 — 04270-000 — São Paulo, SP
Fone: 6166-9000 — Fax: 6166-9008
E-mail: pensamento@cultrix.com.br
http://www.pensamento-cultrix.com.br

Aos meus pais, que me ensinaram a ser equilibrista;

Ao meu marido, que compartilha comigo
a vida de equilibrista;

Aos meus filhos, que me inspiram todos os
dias a ser uma equilibrista melhor.

AGRADECIMENTOS

É impossível levar dois anos para escrever um livro e não ter um montão de gente especial para agradecer. Espero não me esquecer de ninguém!

Minha amiga Margit Krause foi mais do que meu braço direito na organização deste livro. Sem ela, meu trabalho teria sido bem mais complicado e bem menos rico. Valeu, Maggi! Obrigada pelos almoços e longos papos que tivemos.

Um agradecimento especial às mulheres e aos homens entrevistados nas pesquisas que realizei para o livro, que abriram suas vidas e foram uma enorme fonte de inspiração para mim.

Agradeço também aos profissionais que, gentilmente, cederam seu tempo, experiências e pelas valiosas lições que aprendi com cada um deles: Adriana Clemente Gardel, Ana Altenfelder, Beatriz Embacher, Flávia Moraes, Dr. Leonardo Posternak, Dra. Magdalena Ramos e Yara Jafet.

Ao Ricardo Riedel e à equipe da Editora Pensamento-Cultrix por terem acreditado no meu projeto e abraçado meu sonho junto comigo.

Ao Marcelo Salles Gomes, "padrinho" deste livro, por ter me apresentado ao Ricardo. Obrigada, Marcelo, por seu carinho.

Agradeço, incondicionalmente, à Fátima Bernardes pela simpatia e carinho com que recebeu meu pedido para escrever o prefácio deste livro. Fátima, muitíssimo obrigada! Você realmente merece a indicação retratada na pesquisa como uma pessoa admirável por sua habilidade em equilibrar bem todos os pratinhos.

E ao simpático apoio do Paulo Novis que abriu o canal para que meu contato com a Fátima fosse adiante. Paulo, muito obrigada.

Agradeço muito à equipe da Troiano Consultoria de Marca pela troca de idéias e pela paciência por me substituir nos projetos da empresa enquanto minha cabeça estava dividida com o livro. Obrigada, Renata Lima, Renata Natacci, Jucá, Ricardo Longo, Caco, Camila, Daniel e Fátima. Paty e Carol, vocês me ajudaram demais, muito obrigada. Aproveito e dou boas-vindas para a Renata Lima, agora mãe da Luísa, ao clube das equilibristas.

Flávio Russo, junto com sua equipe da PHD Photo e Design, foi o responsável pela minha foto que ilustra este livro. Valeu, Flávio!

Contei também com meus fornecedores de pesquisa que me ajudaram a viabilizá-la: Solange Veras da SAP (Serviço de Apoio à Pesquisa), Leila e Eugênio do Espaço Iguatemi, Pedro Guasti da E-Bit e Silvia Alegre da Elementos. Obrigada a todos vocês.

Ao longo do processo de produção do livro, nas diferentes fases, contei com o incentivo de várias pessoas que foram importantes de alguma maneira para o sucesso do projeto: Carla de Franco, Ricardo Fischer, Flávio Barros, Andrea Barros, Rejane e Osvaldo Siciliano, Jurema Troiano, Edson Giusti, Maria Laura

Nicotero e Raul Ferreira. Cada um de vocês, de algum jeito, me deu um empurrãozinho encorajador.

Agradeço também à minha mãe, escritora e poetisa, que sempre me deu um grande apoio para seguir adiante com o livro.

Sem dúvida, agradeço muito a meus filhos, Beatriz e Gabriel, pela paciência com as horas roubadas de nosso convívio em prol do livro. Em especial à minha filha que, com sua provocativa pergunta semanal, "mãe, e seu livro?", era uma grande fonte de estímulo para eu seguir adiante. Bi, como futura mãe equilibrista, espero que eu esteja te passando um modelo inspirador de mulher.

Este livro não teria saído sem o incentivo incondicional do meu marido Jaime. Aliás, devo a ele boa parte da minha capacidade para ser uma boa equilibrista. Obrigada, Jaime, do fundo do coração. Sem você a vida de equilibrista não teria graça.

SUMÁRIO

PREFÁCIO

Sete horas e trinta minutos do dia 30 de maio, quarta-feira. Minha idéia era usar parte desta manhã para escrever o prefácio do livro sobre as mulheres equilibristas.

Meu dia começou há exatamente uma hora e dez minutos, como sempre acontece, de segunda a sexta. Acordei as crianças, preparei os lanches que elas comeriam na merenda, tomei café e fui levar a tropinha para a escola com meu marido — já vestida com a roupa de ginástica. Na hora do beijinho de despedida, meu filho se lembrou de que esqueceu em casa o livro de português. "Não tem problema, a mamãe traz pra você antes dessa aula começar."

Na volta pra casa, percebi que não dava para eu mesma levar o livro, minha personal me esperava para uma aula na praia. Tudo bem, dá-se um jeito. Rápida passagem em casa. O William fica porque tem que estar no trabalho ainda pela manhã. Pego o livro, aviso à minha ajudante que é para o motorista levar na escola assim que ele chegar. Vai dar tempo!

Entro no carro, a rádio CBN me passa o noticiário da manhã. Chego à praia e me encontro com minha professora. Caminho, corro, às vezes, quase me arrasto, por sete quilômetros. Alongo, bebo alguma coisa rapidamente, volto para casa. Tomo um banho, leio os jornais, assisto à reprise do Bom Dia Brasil na Globonews. Saio quase atrasada para a aula de espanhol. Decidi que deste ano não passava. Tudo bem que falo inglês e francês, mas sempre achei vergonhoso não saber uma língua que todo mundo acha que fala. E lá vou eu pro curso.

Onze horas e quarenta e cinco, hora de pegar as crianças. Almoçamos juntas. É um momento nosso. Logo depois, vejo as agendas. Digo o que precisa ser feito de trabalho de casa e sigo para a TV, mas não sem antes responder à pergunta sobre o que gostaria de comer no jantar, "ou a senhora prefere só lanchar?", indaga minha empregada. Acho que é melhor só lanchar. Não vou ter tempo de andar mais sete quilômetros no dia seguinte. É bom economizar nas calorias...

No carro, mais uma vez acompanhada pela CBN e pelo telefone celular que também recebe meus e-mails e me dá as últimas notícias, percorro os vinte quilômetros que me separam do trabalho. Vou poupá-los dos detalhes da minha rotina na redação do jornal. Basta dizer que são sete horas bem intensas.

Quando volto para casa, quase às dez da noite, tenho quase sempre a sensação de que fiz muito mais coisas do que caberiam naquelas agendas que reservam uma linha para cada hora do nosso dia.

Não sei em que momento imaginei que aquele seria o melhor dia para começar meu texto para o prefácio...

Parece loucura toda essa correria e é mesmo, mas não é só minha. Nós mulheres somos assim, múltiplas, multifuncionais, ocupamos — ou pelo menos tentamos — todos os espaços. Às vezes, reclamamos da falta de tempo. Muitas vezes, a culpa é nossa mesmo. Temos medo de delegar, de dividir. Não queremos abrir mão de nada. Eu, pelo menos, não quero.

De onde será que vem a idéia do equilíbrio?

Fiquei encantada com o resultado da pesquisa da Cecília em que o meu nome surgiu como o exemplo de mulher equilibrista, aquela que juntaria bem as funções de mãe e de profissional. Acho que o fato de "entrar na casa das pessoas" diariamente, arrumada, maquiada, com o cabelo no lugar, deve ajudar nessa impressão de que com a minha vida está tudo — sempre — sob controle. Mas cá entre nós, o que seria de mim sem meus pais, diariamente lá em casa dando uma força no dever de casa das crianças, levando a um dentista fora de hora, fazendo aquele doce delicioso para a festa dos professores? Sem minhas ajudantes, sem um companheiro disposto a colaborar?

Passeando pelos temas do livro me encaixei em quase todos. A mulher que no início de carreira prioriza o trabalho, que adia a maternidade. Que quando os filhos nascem, enfrenta o dilema de continuar ou não trabalhando fora. A rede de apoio que passa a ser indispensável para que a casa e a vida profissional continuem funcionando bem. As muitas dúvidas sobre estar ou não fazendo a coisa certa...

Ficar mais próxima do universo apresentado pelo livro, refletindo sobre ele, me ajudou em pelo menos uma coisa. Naqueles dias em que a culpa por não estar mais tempo com as crianças e que a sensação de que devia ter feito mais estiverem muito fortes, vou me lembrar dessa pesquisa e deste livro. Vai ser um alívio pra mim. E pode ser pra você também.

Boa leitura!

FÁTIMA BERNARDES

INTRODUÇÃO: DILEMA FEMININO

A mulher nos dias de hoje. Esse tema rende assunto para muitas discussões, reportagens, pesquisas e livros. Quem ela é? Quantas são? Qual sua participação na população economicamente ativa? Quais são seus anseios, medos e desejos? Como se relaciona com as múltiplas demandas da sociedade contemporânea? As questões se avolumam e resultam num verdadeiro mar de estatísticas femininas. Com base nos números, se discute o padrão de remuneração das mulheres, sempre mais baixo do que o dos homens. Outros debates retratam o feminismo — um pouco desprezado ou esquecido nos dias atuais — e suas implicações sociais. Tudo isso é importante e faz parte de uma reflexão das mais prioritárias.

Mas o que me incomoda mais são as questões que giram em torno do grande dilema da mulher como mãe e suas atribuições profissionais. Dessa combinação de papéis sociais: a mãe e a profissional. Sou mãe da Beatriz, de 14 anos, e do Gabriel, de 11. E, muito antes deles nascerem, minha vida profissional já existia. Hoje, como muitas mulheres, combino esses dois papéis (e muitos outros) com muita dificuldade. Confesso que, muitas vezes, dá vontade de jogar a toalha e gritar "chega!". Mas algo muito maior me mantém ligada a esses dois papéis, fundamentais para eu me sentir completa.

Encontrei conforto e, ao mesmo tempo, impulso para escrever este livro ao notar que não estava sozinha nesse conflito. Milhares de mulheres concordam comigo! Todas têm sentimentos semelhantes, que vão da alegria de ser mãe à exaustão pela correria do dia-a-dia e das exigências profissionais. Tudo ao mesmo tempo, brigando por espaço na agenda. O mundo mudou, as exigências sobre as mulheres cresceram muito, mas o dia continua com as mesmas 24 horas!

Considero-me uma pessoa privilegiada em minha profissão. Sou psicóloga de formação e atuo como pesquisadora de mercado e consultora de marcas desde o término da faculdade. Toda minha vida profissional foi dedicada a ouvir as pessoas, interpretar seus desejos e planejar ações para marcas. Ouvir, conhecer e entender a realidade de diferentes pessoas é um privilégio da minha carreira. Ao longo dessa minha vivência profissional, pude observar ao vivo uma quantidade enorme de mulheres-mães com os mesmos dramas. Questões como: "Vale a pena seguir minha carreira após a maternidade?"; "O que eu faço com essa culpa que sinto por estar tão longe dos meus filhos?"; "O que será da minha vida se a babá for embora?", eram ditas em coro por mim e por outras tantas mulheres-mães.

Mais do que tudo, todas nós adoramos falar sobre esse assunto umas com as outras. Sinto que formamos um grupo de apoio, vamos dividindo nossas vivências, medos e angústias. Nesses papos, percebemos que não somos as únicas. O sentimento é o mesmo. O ditado popular "Mãe é uma só, só muda o endereço" é mais verdadeiro do que nunca. A conversa entre as mulheres rola solta e pode levar horas. É quase uma terapia grupal, cada uma contando suas alegrias e tristezas nessa jornada feminina. O que importa é dividir experiências, repartir culpas e pensar numa solução. Seja na porta da escola, num intervalo de trabalho ou num bar à noite com as amigas.

Aliás, uma das coisas que mais me animavam para escrever este livro era a receptividade positiva de dezenas de mães que trabalham fora. Ao contar algo sobre o material que eu estava produzindo, todas ficavam supercuriosas para saber mais sobre ele e outras tantas se ofereciam para dar depoimentos. Isso me mostrava que, de fato, este é um assunto mobilizador e do qual todas gostamos de falar. Por isso resolvi abrir um espaço formal para discutir sobre o tema "a dor e a delícia de ser mãe e profissional".

Quero que este livro seja um pouco como as rodas de amigas que se juntam para trocar idéias, contar suas últimas conquistas, falar de medos e culpas. Para escrevê-lo, usei muito da minha vivência pessoal como mãe e profissional. Afinal, tenho uns 15 anos de bagagem como mãe (14 anos de minha filha mais velha mais a gravidez) e mais 20 anos como profissional. Além disso, reuni muitas informações que fui acumulando em meu dia-a-dia profissional, graças aos milhares de mulheres que participaram de pesquisas conduzidas por minha empresa. Nesses estudos, quase nunca voltados para falar desse tema em particular, as mulheres-mães, muitas vezes, achavam uma brecha para dar algum recado nessa direção. Geralmente para expressar como essa missão mãe-profissional é rica e complicada ao mesmo tempo.

Para reunir ainda mais informação consistente, desenvolvi um projeto de pesquisa específico para a construção deste livro. Aliás, fazer pesquisa é parte da minha atividade profissional e queria explorar todas as possibilidades que o tema permite.

Na primeira etapa da pesquisa, essencialmente qualitativa e concentrada em São Paulo, conduzi algumas discussões em grupo com mulheres de classes A e B, com filhos entre 0 e 12 anos. Contemplei mulheres com perfis profissionais distintos, desde alguém superexecutiva com horários malucos até profissionais autônomas com uma agenda mais maleável.

Não sei se todos estão acostumados com discussões em grupo, por isso explico: algumas mulheres, em torno de 8 a 10, pré-selecionadas em função de características pessoais (nesse caso, deveriam ser mães, trabalhar fora e ter filhos de 0 a 12 anos e de classes A e B), são convidadas para participar de uma pesquisa num local específico. Elas não sabem de antemão qual assunto será discutido e isso garante que elas cheguem sem se preparar especificamente para o bate-papo.

Eu mesma estive diante de todas essas mulheres, moderando os grupos e curtindo cada segundo que passei junto a elas. Deixava um clima bastante informal para a reunião, como se fosse um bate-papo entre amigas, dividindo experiências, alegrias e conflitos. O papo rolava solto e não víamos o tempo passar. Para estimular o encontro e enriquecer as conversas, adotei algumas técnicas projetivas, como a produção de desenhos (aliás, vocês verão alguns deles ilustrando os capítulos que se seguem). Boa parte do conteúdo deste livro foi inspirada nesses encontros.

Além da pesquisa qualitativa, desenvolvi um amplo levantamento quantitativo, com cobertura nacional e questionários aplicados via internet, com 800 mães que trabalham fora. Foi maravilhoso ler os depoimentos de mulheres de diferentes partes do Brasil e, no fim, perceber que as semelhanças dos sentimentos em relação a esse tema são bem maiores do que a distância geográfica que nos separa.

Com essa etapa quantitativa, meu objetivo era dimensionar algumas questões e ampliar geograficamente minha amostra. Queria ouvir mulheres de diferentes partes do Brasil e assim ter um cenário mais completo da realidade das brasileiras e não só das paulistanas. Por serem mulheres plugadas na internet, uma vez que todas trabalhavam, optei por realizar a coleta de dados da pesquisa por meio de um questionário online. Com isso, também pensei na própria rotina dessas mulheres: elas poderiam responder ao questionário no horário que fosse mais conveniente para elas.

No final da pesquisa, tive a clara sensação de que ouvir relatos de outras mães que trabalham fora, em certo sentido, gerou um grande alívio em mim. Vi que muitos medos, angústias e inseguranças são bem mais freqüentes do que eu imaginava e que de fato somos um grupo especial. Percebi mais uma vez que a oportunidade de dividir essas questões com outras mulheres seria também uma forma de atenuar as culpas de todas nós.

Já nos meses finais de elaboração do material para publicação, senti falta de uma opinião mais consistente dos companheiros e maridos dessas mulheres nessa dupla jornada. Ficaria difícil fazer um questionário — mesmo que pequeno — para os maridos de amigas e conhecidas minhas, pois eles dificilmente responderiam com total sinceridade. Abordar pais estranhos na porta da escola também me parecia um tanto descuidado. Por isso, resolvi montar um grupo de pesquisa "dos maridos". Reuni em São Paulo um grupo de pais com idades entre 32 e 45 anos com filhos de 0 a 12 anos, todos casados com mulheres que trabalham. A conversa foi tão bacana que me motivou a abrir um capítulo dedicado só a eles, explorando sua relação com a mulher, os filhos e o cotidiano da casa (Pai ao lado).

Entrevistei ainda um bom número de especialistas que se relacionam direta ou indiretamente com mães que trabalham fora: pediatras, terapeutas, educadores e profissionais de RH. Cada um, com sua ótica, me forneceu preciosas contribuições para o entendimento dessa questão. No apêndice apresento estas pessoas e dou mais detalhes sobre todo o processo da pesquisa.

Para conseguir escrever este livro, além do superapoio do meu marido e da inestimável ajuda de minha amiga Maggi, desenvolvi uma estratégia própria para cavar algum espaço em minha agenda caótica. Usei todos os minutos "livres" que encontrava: no barbeiro, esperando meu filho cortar o cabelo; na sala de espera do médico; na espera por alguma reunião, etc. Pegava meu caderninho ou o laptop e rascunhava idéias para o livro. Essa estratégia não é uma grande novidade para as mães que trabalham fora. Tenho certeza de que várias de vocês também adotam esquemas semelhantes, que permitem produzir "a prestações". Foi a maneira que encontrei para conseguir adicionar mais um papel, o de escritora, a todos os outros que já desempenho no dia-a-dia.

Neste livro, fiz uma opção em retratar o lado da mãe que trabalha fora de casa e, por isso, tive que abrir mão de explorar a parcela de mães que não trabalham. Não quero com isso, no entanto, discriminar esse grupo de mães, chamado pelos americanos, carinhosamente, de *stay-at-home-moms*. No Brasil, a denominação dona-de-casa é bem menos charmosa. Embora a combinação dos papéis de mãe e profissional tenha sido minha opção pessoal, respeito muito as escolhas de outras mães, que por razões diversas e próprias, optam por se dedicar exclusivamente à família. Espero apenas que as mães que não trabalham fora também possam ver neste livro uma oportunidade de refletir sobre esse tema tão contemporâneo que é a combinação de papéis. E, ao longo da leitura, perceber que muitas angústias relatadas aqui não são privilégios das mães que trabalham fora.

Na etapa quantitativa da pesquisa, expus às entrevistadas uma lista com 25 nomes de pessoas públicas. Em comum, a lista reunia mulheres, que, além de conhecidas, são mães e profissionais ao mesmo tempo. Essa relação foi apresentada com a seguinte pergunta:

"Qual delas é a pessoa que você mais admira como alguém que equilibra bem os dois papéis, de mãe e profissional?"

Fátima Bernardes	30%
Malu Mader	12%
Glória Pires	12%
Cássia Kiss	7%
Claudia Raia	6%
Xuxa	4%
Angélica	4%

Não é por acaso que o prefácio foi escrito pela Fátima Bernardes! Recebendo quase um terço das indicações, a jornalista e âncora de telejornal foi apontada como a mãe e profissional mais admirada, muito acima de todas as demais listadas. Com muita alegria e orgulho recebi a notícia de que a Fátima aceitara meu convite para escrever o prefácio. Assim como esse um terço das mulheres entrevistadas, eu também sou uma admiradora da Fátima. Na minha visão, essa admiração que temos por ela é explicada apenas parcialmente por sua alta exposição à frente do Jornal Nacional da TV Globo. Fátima consegue, com aparente calma, desempenhar bem todos os papéis idealizados pela mulher contemporânea: ser boa mãe, profissional competente, esposa feliz e mulher atraente. Ela é o retrato do "eu ideal" de muitas mulheres, aquela que faz tudo e ainda bem-feito. E é mãe de trigêmeos!

É claro que, "na vida real", a vida da Fátima não deve ser tão calma como imaginamos. Em entrevistas concedidas por ela, assim como nós, ela confessa a dificuldade que é conseguir conciliar bem todos os papéis. Numa das inúmeras matérias e reportagens que retratam sua vida, uma delas apontava exatamente sua agitada jornada diária: "A maratona começa às 7 horas. Ela e o marido fazem questão de levar as crianças para a escola. Na volta, sentam-se à mesa para tomar café, ler os jornais e navegar pela internet. Ao meio-dia, Fátima busca os filhos na escola, almoça com eles e às 14 horas chega à redação do JN. Às 15 horas faz o cabelo, a maquiagem e se veste. Até a hora de ir ao ar, ela checa as notícias, participa da edição das reportagens e faz chamadas para o JN. Depois do jornal, vai para casa por volta das 22 horas." Revista *Viva São Paulo*, maio de 2006. Lendo o prefácio pudemos ver quão agitada é a vida de Fátima.

Assim, inspiradas por tantas histórias de mulheres do Brasil todo, espero que estas páginas de leitura sejam um bom motivo para nos fortalecermos diante dos percalços e das conquistas dessa dupla jornada. A escolha do nome do livro também nos dá pistas sobre como as mulheres estão se vendo. "Dores e delícias da mãe que trabalha", usado como subtítulo, foi a expressão mais votada de uma lista de sete possibilidades. Aliás, tanto a mais votada, como a menos votada — "Missão Impossível" — dizem muito sobre a vivência atual das mães que trabalham fora. "Dores e delícias da mãe que trabalha" assume claramente a dicotomia vivida pelas mulheres, mostrando de forma direta os dois lados da questão: a dor e a delícia. Também expressivo é terem colocado "Missão Impossível" em último lugar. A missão é dura, todas concordam, mas não impossível. Aliás, essa palavra está quase extinta do vocabulário das mães que trabalham. Apesar de todas as dificuldades, a missão ainda é possível e a vida de equilibrista é nosso maior desafio.

Então, vamos a ele!

CECÍLIA RUSSO TROIANO

CAPÍTULO 1

Tempo de Mudança

Os filhos fazem parte do projeto de vida, mas fica difícil saber em que ponto dela vale parar, respirar e planejar a chegada deles. Pressão biológica, social ou até do marido vêm à tona nessa hora. Para além da licença-maternidade, a relação com a empresa já começa a mudar a partir da gravidez. E um coração de mãe — acredite — é capaz de deixar em conflito a cabeça da mais dedicada profissional.

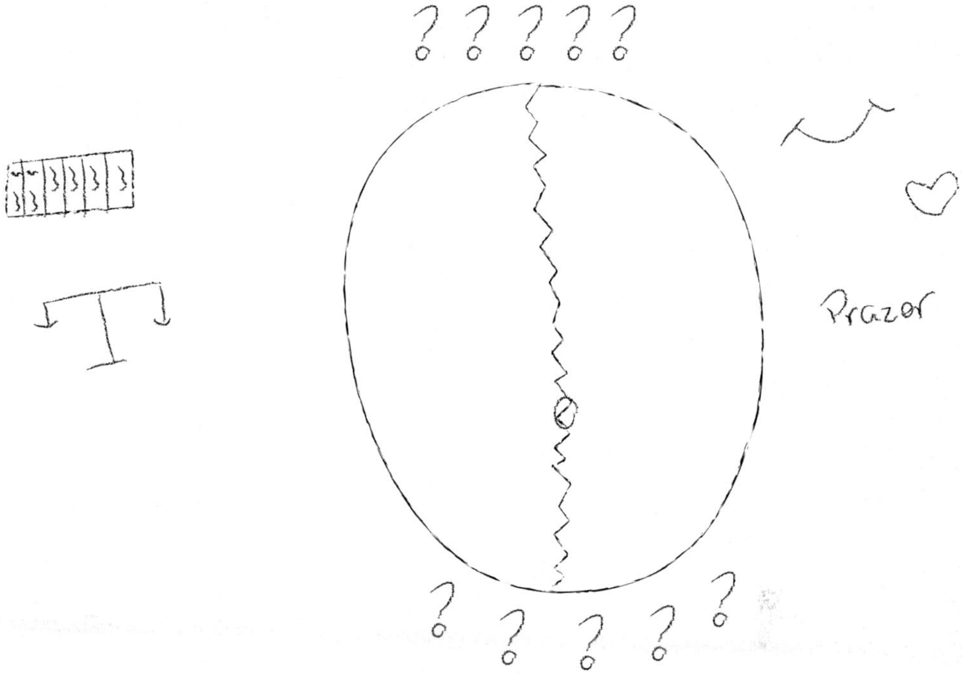

"Sinto que minha barriga está dividida entre minha vida profissional e o prazer de ser mãe. Tudo isso gera muitas dúvidas, por isso desenhei vários pontos de interrogação em volta da minha barriga. Como será que vai ser?"

Conforme cresce a barriga dessa grávida que participou de um dos grupos de pesquisa, aumenta uma certeza: nada será como antes. Um novo ser — e, a princípio, sob sua responsabilidade — muda a forma como ela se coloca diante da vida, seus valores e suas verdades (antes tão absolutas). Toda a rotina que virá pela frente é uma nuvem de contornos indefinidos, algo intocável... só dá para saber quando, finalmente, o bebê estiver nos braços, clamando por todas as suas necessidades. Vida pessoal e carreira vão para segundo e terceiro planos. Afinal, maternidade é uma tremenda doação: exige tempo, paciência, esforço físico, preparo psicológico. E como as conquistas no trabalho e o desenvolvimento profissional se encaixam na trama dessa novela que é a nossa história de vida? Antes de vivenciar essa experiência, apenas uma imagem resume a cena: um grande ponto de interrogação.

Tempo de mudança

Coragem. Essa é uma das palavras mais ditas de uma mãe para outra. Pelo menos no caso das mães que não abandonaram a carreira depois de ter filhos. Ainda que a dupla missão seja difícil, enfrentar as mudanças para viver a alegria da maternidade é a opção de muitas. Mas ao contrário de gerações passadas, em que a mulher tinha como papéis fundamentais ser mãe e dona-de-casa, hoje em dia a gravidez é uma escolha que vem depois da faculdade, do trabalho, do casamento, às vezes depois do sucesso na carreira, da casa própria e do MBA.

Dá para se ter uma idéia das prioridades pelo sim retumbante à pergunta da pesquisa quantitativa: "Você já trabalhava antes dos filhos nascerem? A resposta positiva alcançou 94%! E ela mostra claramente que o trabalho é um projeto incorporado à vida dessas mulheres antes de a família aumentar. Esse é um papel que se define antes do papel materno. O "eu profissional" é anterior ao "eu mãe" e até ao "eu esposa".

A redistribuição desses papéis, com a chegada do "eu mãe", é o início dos dilemas femininos. A mesma resposta prova que iniciar a carreira após o nascimento dos filhos é muito difícil e pouco freqüente. Só 6% das mulheres começaram a trabalhar após a chegada dos filhos. Eu consigo vislumbrar por trás desse número algumas batalhadoras: são mulheres que tiveram os filhos mais cedo e cursaram a faculdade durante ou depois da maternidade. Ou então aquelas que se separaram e viram a necessidade de ter uma renda e de se realizar pessoal e profissionalmente. A opção de começar a trabalhar com os filhos já crescidos é das mais raras e funciona melhor quando a pessoa é empreendedora, autônoma, abre negócio próprio ou vai trabalhar em empresa da família. O mercado corporativo atualmente é muito rigoroso e até preconceituoso — principalmente se considerarmos um currículo de mulher com filhos e sem experiência profissional. Furar a barreira de um avaliador de recursos humanos, essa sim, é uma missão quase impossível.

"Procure planejar bem a chegada dos filhos, faça tudo o que precise ou queira fazer antes da chegada deles. Depois fica muito mais difícil."

ASSALARIADA PAULISTA,
FILHOS DE 3 A 6 ANOS.

O mais comum é começar a trabalhar ainda jovem, recém-formada e, só depois de ter uma carreira em andamento ou já estabelecida, fazer a opção consciente e planejada de ter filhos. Em média, as mulheres pesquisadas trabalham há 14 anos, o que bate com a informação de que começaram a vida profissional antes de engravidar (em nossa amostra, o filho mais velho tinha 12 anos). Destas, 30% afirmam que o plano de ter filhos foi adiado, alguma vez, por causa da carreira profissional. Ou seja, a profissão dita o ritmo da maternidade. O "eu profissional" define o *timing* do "eu mãe" em quase 1/3 dos casos. Em média, elas adiaram o projeto de ter filhos por 5 anos.

Filhos: ter ou não ter

Até hoje não conheci ninguém que se arrependesse de ter gerado (ou até mesmo adotado) um filho. Mas, ao longo dos anos, percebi que muitos optam pela vida a dois, sem sobressaltos; outros nunca planejaram filhos e são surpreendidos por uma gravidez indesejada, tornando-se ótimos pais. A chegada dos rebentos, antes uma conseqüência natural do casamento, hoje é pensada, analisada, reconsiderada, adiada ou evitada. "Maternidade deve ser algo muito bem pensado sob pena de chegar um dia em que se culpará o filho por não conseguir mais fazer todas as coisas que se fazia antes de ele nascer", confessa uma assalariada gaúcha, com filhos de 3 a 6 anos.

Esse muito pensar e considerar mexeu mesmo com a taxa de natalidade brasileira. O número de filhos por família chegava a seis nas décadas de 60 e 70. Já em 1999, segundo dados do IBGE (Instituto Brasileiro de Geografia e Estatística), a média havia caído para 2,4 crianças por mulher. A questão "ter ou não ter" filhos, e quantos, é assunto cada vez mais racional nas conversas da família. Afinal, além dos custos para manter uma criança (das fraldas à educação), leva-se em consideração a violência do mundo de hoje, as dificuldades de um futuro incerto, que prevê desde a entrada na faculdade a um lugar no mercado de trabalho. Tudo isso acrescido do fato de que nada será como antes, pois você sempre irá se preocupar com o filho — tenha ele 1 ou 20 e tantos anos. Do nascimento em diante, tudo o que você fizer ou planejar na vida vai incluir, de uma forma ou de outra, a consideração pelo filho.

A psicóloga Rosely Sayão, em seus artigos e em seu blog, questiona se ter filhos nos dias de hoje é um anseio genuíno ou apenas fruto de pressão social. E analisa as reclamações das mães (que de certa forma têm feito sucesso na mídia com blogs, livros e seriados televisivos) como falta de maturidade e disponibilidade. Essas pessoas não consideraram que para ter filhos é "preciso fazer um parêntese na vida para tantas coisas". Ser mãe é um compromisso que exige muito esforço, paciência, persistência e dedicação, entre outros predicados. "Quando os filhos são pequenos temos que abrir mão, nem que seja temporariamente, de algumas coisas", comenta sensatamente uma assalariada maranhense, com filhos de 7 a 9 anos.

Quem prioriza a vida pessoal acima de tudo, dificilmente abre espaço para um filho ou acaba adiando a maternidade (veja nas páginas seguintes). Não há dúvida, também, de que o casal se sente melhor quando a decisão é de comum acordo. A idéia de que uma criança pode reconstruir casamentos fracassados já não cola mais, principalmente porque a mulher não depende mais diretamente do marido e não assume a postura de submissão de nossas avós e mães donas-de-casa. "Filho não é para resolver problemas no casamento ou para realizar os sonhos dos pais, que geralmente idealizam suas projeções em cima dele. Filho deve ser respeitado e pode propiciar um grande aprendizado de troca", opina a psicóloga Vera Maluf, membro do Comitê de Psicologia da Sociedade Brasileira de Reprodução Humana.

"Mudanças acontecem na nossa vida, mas ser mãe é uma mudança radical, em todos os sentidos!"

ASSALARIADA GAÚCHA, FILHOS DE 3 A 6 ANOS.

"Escolher o momento certo para ser mãe é fundamental. Estar bem resolvida com o novo papel a desempenhar é a chave para o sucesso. Vale a pena, é gratificante ser mãe, mas deve-se balancear o momento do casal, para que ambos aproveitem e desfrutem dessa experiência tão maravilhosa", ensina uma assalariada catarinense, com filhos de 3 a 6 anos. Pelo que tenho observado nas conversas com outras mães, uma união precisa estar bem sólida para agüentar os solavancos dos primeiros meses e até dos primeiros anos. Afinal, a dinâmica muda de par para trio. É assim: de uma hora para outra, surge alguém importante, carente e dependente entre nós. "A relação a dois é afetada, pois há muitos homens que perdem o mimo, a atenção. Assisti a isso muitas vezes, eles têm ciúmes da dedicação dela ao filho. A imaturidade pode desencadear crises que resultam em abismos entre o casal", observa a pedagoga curativa e terapeuta social Ana Altenfelder.

Driblando o relógio biológico

Quem valoriza muito a carreira espera cada vez mais por um momento "certo" para ter os filhos. Quanto maior a responsabilidade na empresa, mais a pausa pode abalar a vida profissional — ou não. Tudo depende da disposição, da tranqüilidade em relação ao próprio potencial. Ninguém é insubstituível, dizem. Em contrapartida, dá para levar seus talentos para passear em outras praças (empresas, mercados, áreas) e, quem sabe, até se realizar mais.

Sempre me perguntei como é possível descobrir a hora mais apropriada para ter os filhos. Como tudo na vida, até mesmo a escolha do marido me parece muito mais uma aposta, um investimento, uma intuição, do que uma certeza. Depende do que a pessoa está valorizando naquele momento e se tem a preocupação de não deixar passar o período fértil. Quantas profissionais com mais de 35 anos estão sofrendo com tratamentos porque deixaram para tomar a decisão nesse prazo limite!

Até a década de 70, as mulheres se casavam aos 18 ou 20 anos e com 21 nascia o primeiro filho. Hoje é comum terem filhos depois dos 30 anos. "Cada vez mais o desejo da maternidade é adiado. Além disso, a maioria das mulheres às voltas com o dilema filhos e profissão não tem levado a rotina na esportiva. Dá para perceber muito mais aflição do que resolução prática", aponta a psicóloga Magdalena Ramos.

Pela amostra, o envolvimento profissional define a hora de ser mãe em quase 1/3 dos casos e o adiamento do plano de ter filhos foi de 5 anos, em média. Ligada nesse assunto, escutei o bate-papo entre os psicológos José Ernesto Bologna e Vera Maluf num programa da série "Seres Humanos de Negócios", em que os dois abordavam, principalmente, o retardo da maternidade. Durante a entrevista, a psicóloga, especializada em reprodução humana, faz uma reflexão sobre a mulher inserida no ambiente pós-moderno.

Vera aponta uma característica principal do momento em que estamos vivendo: a enxurrada de informações em que estamos submersas. Daí nasce a sensação de impermanência, o individualismo e a cultura do descartável. Além de nos encontrarmos rodeadas de coisas temporárias, existe uma cobrança para que as pessoas se atualizem constantemente. "O fato de a mulher

"Ser mãe é uma experiência única e maravilhosa, que supera todas as expectativas da gente. Mas para a mulher que é profissional deve ser uma decisão bem planejada. Em resumo, não ter pressa, mas sem deixar escapar a oportunidade."

AUTÔNOMA PAULISTA, FILHOS ENTRE 7 E 9 ANOS.

precisar se reconfigurar a cada dia gera um stress incrível", atenta a especialista.

Já que o papel feminino se ampliou (com a entrada da mulher no mercado de trabalho) e com isso também mudou o conceito de ser mulher, surge uma questão clássica: o retardo da maternidade. Nas décadas pós-pílula, a gravidez deixou de ser obrigação para se tornar opção. Com a ajuda da medicina, a barriga passou de desejada a planejada, literalmente. O avanço nas práticas médicas agora permite prorrogar o prazo da escolha: dá para ser mãe após os 40, após os 45 e até após os 50 anos.

A fase reprodutiva da mulher é limitada e muito menos extensa do que a masculina. "A idade para conceber muitas vezes não coincide com a vontade psicológica", lembra Vera Maluf. Ela concorda com a afirmação de que a maternidade pode atrapalhar o futuro profissional das mulheres, portanto defende como estratégia — aparentemente menos penosa — o adiamento da maternidade, apoiado pela tecnologia.

Depois da década de 80 aumentou muito o número de gestações após os 40 anos. Segundo Vera, quem retarda a maternidade por reprodução assistida possui em comum bom nível sócio-profissional, boa escolaridade e habita a zona urbana. Ou seja, também devido ao custo elevado (as cifras mais baixas se equiparam ao preço de um carro popular), é uma opção para poucas.

Após os 35 anos, diminuem consideravelmente as chances de uma gravidez natural. Apesar de as técnicas de reprodução assistida evoluírem a passos largos, não é sem sofrimento que transcorrem esses tratamentos. Para além de flutuações de humor, peso e outros efeitos colaterais das injeções de hormônios que estimulam a ovulação, o momento mais difícil para os pacientes é a espera. Ultrapassar a frustração de tentativas infrutíferas e continuar insistindo costuma ser motivo de stress, depressão e até de desgaste no casamento e brigas na família. Sem falar que o sonho não se realiza para todo mundo, por mais revolucionárias que sejam essas tecnologias.

"A melhor coisa que existe é ser mãe. E, se a gente for esperar a hora certa, planejar demais, nunca acontecerá, sempre teremos um novo projeto à frente. Mas ser mãe é de longe o maior projeto da nossa vida."

EMPRESÁRIA DO MARANHÃO, FILHOS DE 0 A 2 ANOS.

Na época em que o primeiro bebê de proveta já está perto de comemorar seus 30 anos (*Louise Brown nasceu em julho de 1978, em Londres, e tornou-se mãe em janeiro de 2007*), cada vez mais mulheres congelam seus óvulos jovens para com eles aumentar suas chances de engravidar após os 40 anos. Dessa maneira podem adiar cada vez mais a decisão de ter um filho. E, por vezes, a vontade aparece depois de a mulher ter se realizado profissional e emocionalmente. Isso aconteceu com a famosa fotógrafa Annie Leibowitz, que, depois de uma carreira reconhecida mundialmente e um longo relacionamento com a filósofa e escritora Susan Sontag (já falecida), resolveu ser mãe aos 50 anos. Atualmente tem uma filha de 5 anos, Sarah, e gêmeos de 1 ano e meio.

"Vivemos numa época em que nosso trabalho é fundamental, tanto para o complemento da renda familiar — gerando maior conforto e estabilidade — como para nossa realização pessoal. Não conseguimos ficar somente em casa cuidando dos filhos."

ASSALARIADA DO CEARÁ, FILHOS DE 3 A 6 ANOS.

"Os filhos crescem e logo, logo não vão querer a mamãe no pé o dia todo. O que você vai fazer se tiver abandonado sua carreira e sua vida?"

EMPRESÁRIA DE SÃO PAULO, FILHOS DE 0 A 2 ANOS.

"Nunca abra mão da maternidade por causa do trabalho. Tudo tem jeito, mas não ter um filho por causa do trabalho não tem sentido."

ASSALARIADA DO RIO GRANDE DO SUL, FILHOS DE 0 A 2 ANOS.

"Jamais deixe a dádiva de ser mãe, por nada nem ninguém; é a coisa mais maravilhosa, gostosa, é o maior sentimento e amor do mundo. Algo inexplicável e inigualável que umas simples palavras nunca conseguirão explicar tamanho sentimento. Não há nada mais gratificante e satisfatório em todos os aspectos."

EMPRESÁRIA DO RIO DE JANEIRO, FILHOS 0 A 2 ANOS.

"A mulher precisa sentir-se útil, feliz e realizada. Algumas sentem-se assim sendo donas-de-casa e cuidando dos filhos e outras necessitam mais, precisam de desafios maiores; isso não torna uma melhor do que a outra, apenas diferentes!"

EMPRESÁRIA DE SÃO PAULO, FILHOS DE 3 A 6 ANOS.

"Os filhos são nossa realização, mas não podemos esquecer que também somos uma pessoa com desejos e ambições."

AUTÔNOMA DE SANTA CATARINA, FILHOS DE 3 A 6 ANOS.

Escolha difícil

Qualquer mudança — seja ela parar de trabalhar por pouco tempo e então retomar a carreira; trabalhar como autônoma em casa; trocar de profissão ou mesmo abandonar o trabalho — tem um custo. "Ou vários custos", analisa a terapeuta familiar Magdalena Ramos, "o econômico, o do status profissional, o do casal. A mulher precisa administrar essas escolhas dela, cada vez mais adiadas."

Quem escolhe — ou pode escolher — não trabalhar fora, também se sente culpada, pois o marido fica sobrecarregado por ser o único provedor. Além disso, já existe uma sociedade cobrando que a mulher seja profissional. Desse jeito, é difícil ela se sentir bem. Muito poucas se sentem completas. Pode ser que se sintam bem nos 2 ou 3 primeiros anos da maternidade, daí pra frente, não mais.

Por outro lado, para muitas não existe a palavra *escolha*: cada vez mais a mulher trabalha por necessidade, não apenas por vontade. Mesmo considerando que fazem parte de uma fatia abastada e privilegiada da população, as esposas das classes A e B engrossam a renda mensal familiar como nunca antes. A pesquisa Singulares, divulgada pela Philips em 2005, constatou que 40% das funcionárias entrevistadas tinham o maior salário da casa. Além disso, 43% pagavam a maior parte das despesas da casa (eram chefes de família) e 10% dividiam igualmente os gastos. Ou seja, em mais da metade dos lares, o salário da mulher era imprescindível para o bem-estar de todos.

Mas a atitude em relação à carreira profissional pode sofrer mudanças profundas com a chegada da maternidade. Não raro as executivas ou mulheres que alcançaram altos cargos de gerência e assumiram muitas responsabilidades, dedicando mais de 10 ou 12 horas preciosas do dia à empresa, tornam-se empreendedoras para fugir da escravidão corporativa.

Às vezes, os anos de dedicação compensam, pois o cheque da rescisão chega com uma esperança de franquia ou negócio próprio. Foi o que aconteceu com Alexandra, que por 8 anos trabalhou como executiva de uma renomada empresa de cartão de crédito. Na chegada do primeiro filho, deu-se o luxo de ficar um ano exclusivamente cuidando do bebê. Depois, começou a estudar a abertura de uma loja própria e hoje — dois anos após a maternidade — abriu um negócio dedicado à decoração de quartos infantis.

Já Patrícia, mãe de duas meninas pequenas, deixou claro para a chefia que preferia participar mais do cotidiano das filhas e, por isso, negociou um horário alternativo na editora onde trabalhava. Não deu certo: na volta da 2ª gravidez, recebeu a notícia da demissão. Isso acabou beneficiando-a, pois reorganizou sua vida como jornalista free-lancer, e estabeleceu seus horários de trabalho sem prejudicar as atividades com as filhas.

Para quem já enfrenta há anos o mercado de trabalho, largar tudo para se dedicar exclusivamente aos filhos até parece a melhor coisa do mundo, mas pode ter resultados desagradáveis. "Todas as minhas amigas que pararam de trabalhar para se dedicar o dia todo aos filhos não agüentaram mais de dois meses", declara uma mãe que se realiza cuidando das três filhas (com idades entre 7 meses e 5 anos), mas também — é óbvio — considera árdua a tarefa. Às vezes, a escolha é tão difícil, que só mesmo tentando encarar o outro lado é possível perceber se a decisão foi ou não acertada.

A socióloga Sandra Unbehaum*, pesquisadora da Fundação Carlos Chagas, afirma que as mulheres de hoje sofrem mais com esse dilema do que as gerações desbravadoras do mercado de trabalho. Isso porque já conquistaram sua posição profissional e começam a questionar se o comportamento agressivo ou rebelde dos filhos de agora não estaria ligado à ausência da mãe nos primeiros anos de vida. "A mídia tem explorado esse tema e muitas mães se sentem culpadas por estarem ausentes. Então, hoje, a decisão é mais difícil", observa Sandra.

Penso, logo desisto

Um empate, às vezes, pode ser o mais intrigante dos resultados. Veja se dá para dizer, diante de 50% sim e 50% não, se estas mulheres são convictas ou indecisas? A pergunta da pesquisa quantitativa era: Você já pensou em parar de trabalhar por causa dos filhos? Metade já considerou essa possibilidade, metade não. Só isso já dá a dimensão do conflito. São mesmo sentimentos que dividem o coração das mulheres.

Mesmo assim, daquelas que já pensaram em largar a carreira: 67% pensaram mas desistiram da idéia, já resolveram que continuarão trabalhando; 30% seguem pensando, a dúvida persiste; 3% já optaram por largar — tomaram a decisão de cuidar exclusivamente da criança.

Assim, mesmo em nossa amostra, exclusivamente de mulheres profissionais, metade já vacilou, pelo menos em algum momento.

* Dilema de mãe, revista *Criativa*, setembro, 2006.

Filho na liderança

"Quando eu estiver bem velhinha, sentada numa cadeira de balanço, o que vai me dar grande orgulho e satisfação é ver a família constituída, firme e forte, enfrentando desafios, equilibrada, com pessoas boas, sem egoísmo. Isso, para mim, seria uma vida bem vivida e bem realizada e não ter conseguido chegar a um determinado cargo numa empresa, isso tudo é muito volátil." De fala mansa e serena, Flávia Moraes, gerente de sustentabilidade da Philips do Brasil, resume muito bem o que é importante para si e também para os colegas que foram alvo de sua pergunta (feita numa pesquisa totalmente informal dentro da empresa): Você gostaria de ser presidente da Philips? Entre muitas mulheres questionadas, nenhuma disse sim, mas muitos homens responderam positivamente. Ela achou estranho alguém estar dentro de uma empresa e não almejar o cargo máximo. As justificativas das mulheres eram quase idênticas: "Teria que abrir mão de muita coisa." Percebeu que elas preferem flexibilizar o horário e até ganhar menos do que ser presidente de uma empresa, que requer responsabilidade total.

"A sociedade só reconhece quem trabalha. Se você não tem uma história profissional para contar, está fora. De qualquer forma, a carreira, por melhor que seja, acaba."

FLÁVIA MORAES, GERENTE DE SUSTENTABILIDADE DA PHILIPS, MÃE DE UM CASAL DE FILHOS.

Para subir na hierarquia corporativa, o profissional é obrigado a fazer escolhas muito duras, então, às vezes, para privilegiar a continuidade do negócio e a lucratividade, é preciso dispensar pessoas. E com esse tipo de coisa a mulher tem mais dificuldade de lidar. Para os homens, as cobranças pelo sucesso profissional são mais pesadas. Mas uma família desequilibrada também é fonte de angústia na vida deles. "Poucas vezes vi colegas abrirem mão de subir na carreira para apoiar a família em momentos de crise. Mas eu sei que esse tipo de escolha, lá na frente, vai dar muito orgulho, pois a família e os filhos são nosso bem mais precioso", completa Flávia.

Já que estamos falando de homens e negócios, nada como essa análise perspicaz do consultor Luiz Carlos de Queirós Cabrera: "Vejo os executivos como malabaristas, tentando equilibrar cinco bolinhas: a saúde, o trabalho, a família, os amigos e a alma. Todas essas bolinhas são de vidro, só a do trabalho é de borracha. Essa pode até cair no chão e ser recuperada. As outras, não."*

Mãe de primeira viagem

"Ser mãe faz, da mulher, um novo ser. Ela renasce com a descoberta da geração da vida, e como todo ser em crescimento, em desenvolvimento, começa a ter dúvidas, incertezas, a dar os primeiros passos rumo ao desconhecido.

Tudo o que essa mulher sabe até então é que ela veio ao mundo por meio de outra mulher e que esta a criou e lhe transmitiu os valores que ela hoje carrega. Mas qual o sentido de tudo isso? Até onde esses são os valores que eu quero repassar? E aí começa o grande dilema de ser mãe. Ser mãe de primeira viagem.

Essa nova mãe está de volta ao ventre, inicia-se o processo de amadurecimento, da confirmação da verdade. É aquele sentimento do passo dado, do não ter como voltar atrás. E assim ela segue, curtindo cada momento, cada dúvida e cada sentimento. Passa a dar mais valor ao pai e à mãe, apura os ouvidos para o conhecimento alheio, aprende com os anseios, e por aí vai. Até que não tem mais jeito: ela já é mãe! E muito feliz por sê-lo!"

REBECA, ASSALARIADA PAULISTA, EM TEXTO ESCRITO DURANTE A PARTICIPAÇÃO NO GRUPO DE PESQUISA COM MULHERES GRÁVIDAS DO PRIMEIRO FILHO.

---

* Declaração dada à revista *Você S.A.*, em matéria de agosto de 2004.

Dois grandes passos

Minha primeira gravidez coincidiu com o início da minha vida profissional como empresária. Ao engravidar de minha filha Beatriz, eu havia acabado de me desligar de um emprego formal e iniciado uma sociedade que duraria 5 anos. Ou seja, nas minhas duas gestações eu já não tinha a segurança de uma licença-maternidade definida e amparada pelas leis trabalhistas.

Assim, coube a mim, nos dois casos, definir como seria o período após o nascimento de meus filhos. Como eu iria combinar meu mundo já conhecido, o do trabalho, com o novo mundo que estava chegando, o da maternidade?

De uma coisa tenho certeza: em nenhum momento passou pela minha cabeça parar de trabalhar. A questão que me deixava inquieta era como coordenar esse período de afastamento com os meus negócios. Na época eu tinha uma sócia, a Suzy, que já era mãe de duas meninas. Com certeza isso também foi fundamental para minha decisão. Eu contava com ela não só para me cobrir na minha ausência, na medida do possível, mas também com a compreensão de uma outra mãe — e por isso sou imensamente grata!

Nos dois períodos após o nascimento de meus filhos optei por me conceder uma licença-maternidade de dois meses. Foram dois meses de dedicação total a eles, sem me preocupar com nenhum assunto profissional. Posso dizer que esse tempo foi muito importante para mim e espero que tenha sido também para os meus filhos. Minha rotina era totalmente nova, com horários novos e atividades inéditas, principalmente com a Beatriz, minha primeira filha. Deixar o trabalho de lado, temporariamente, era um desafio. Mas consegui.

Passados esses dois meses, posso dizer que minha condição de empresária e o apoio do meu marido, somados a uma babá competente e a proximidade de casa em relação ao escritório foram fatores fundamentais para minha definição de como agir. De uma coisa eu não abriria mão: seguir amamentando meus filhos pelo maior tempo possível. Eu adorava amamentar, apesar do cansaço dessa atividade. Assim, dos 3 aos 6 meses de idade de meus filhos, trabalhei meio período em casa e meio período no escritório. Quando a Beatriz nasceu, em 1993, e quando o Gabriel nasceu, em 1996, nem de longe a internet estava como está hoje. Mesmo assim, fazia parte do meu trabalho em casa, escrevendo à mão ou no computador salvando num disquete, entre uma mamada e outra. Muitas vezes, digitava e empurrava o carrinho com os pés para ninar o bebê.

Pode parecer estranho, mas morro de saudades dessa fase. Mesmo com o sono infernal das noites maldormidas, de ter que acordar cedo para trabalhar, de estrear no mundo das mães equilibristas, tentando fazer tudo ao mesmo tempo, eu adorava essa intimidade de mãe com o bebê. É muito bom!

Não era fácil dar de mamar, cuidar do bebê e ainda ter as responsabilidades do escritório. Lembro-me de algumas reuniões com clientes que se estendiam e eu sabia que precisava sair para amamentar. O seio começa a vazar leite, você se desliga do assunto da reunião e só fica imaginando o bebê morrendo de fome esperando pelo peito. Ainda mais no meu caso, já que eu não conseguia tirar leite e meus filhos não pegavam facilmente a mamadeira.

Nos dois casos, depois de seis meses, retomei minha rotina profissional em tempo integral, preservando as mamadas matinais e noturnas até os 10 meses. Se tivesse um terceiro filho, faria tudo igual...

Licença para ser mãe

Pode ser apenas uma impressão, mas parece que depois de a mulher ter entrado para valer no mundo do trabalho e, em sua busca pela igualdade, ter sido tão ou mais cobrada profissionalmente do que os homens, ficou ainda mais exigente com ela mesma. Quer dar o melhor de si em todas as áreas (leia no próximo capítulo sobre a síndrome da Supermulher): se sou considerada uma ótima profissional, tenho que ser uma mãe excepcional!

Alguém se lembra da geração anterior à nossa? Era moda dar mamadeira, portanto ninguém se exauria dando o peito madrugadas adentro. Pagava-se babá e empregada que dormia (pelo mínimo), sendo que a mãe, na maioria dos casos, não trabalhava fora. Quem viveu o milagre econômico se lembra bem, pois a realidade era outra. Ponto positivo nessa história era o tempo que a mulher tinha para se dedicar à casa e aos filhos, o incrivelmente negativo, a submissão ao marido. O tradicional era que ele chegasse em casa exausto do trabalho, sentasse na cadeira do papai para ler o jornal e bebericar um uísque e as crianças não podiam incomodá-lo.

A palavra do século XXI é envolvimento: assim como as despesas da casa estão sendo divididas, também a atenção aos filhos é compartilhada. Bom para eles! Se compararmos com outras épocas, vemos as crianças hoje presenciarem a responsabilidade da sua criação por ambos os pais. Na bagagem da família, pai e mãe trazem afeto e também dinheiro. Ainda assim, pela proximidade com o filho, a mãe pega para si mais responsabilidades e quer dar dedicação exclusiva durante a licença-maternidade, às vezes, esquecendo até de suas próprias necessidades.

E por saber que aquele tempo juntos tem dia e hora para acabar, a vontade de aproveitar cada minuto se intensifica.

Deu para avaliar na pesquisa quantitativa que a adesão à licença-maternidade, se não unânime, é bastante alta. Entre as mães, 75% tiveram um período de licença ou algum tipo de parada após o nascimento. Assalariadas declaram mais a presença da licença, pelo próprio amparo da lei (82% das assalariadas afirmam que tiveram licença-maternidade) do que autônomas (70% declaram sim) e empresárias (58%). Essa parada foi de, em média, 4 meses — o que corresponde ao período oficial de licença-maternidade.

"Ser mãe é sempre mais importante do que ser profissional."

ASSALARIADA GAÚCHA, FILHOS DE 7 A 9 ANOS.

A advogada, escritora e feminista Rosiska Darcy de Oliveira considera absurdo alguém abrir mão ou encurtar sua licença em razão do trabalho. "A licença-maternidade foi uma das maiores conquistas das mulheres e abdicar dela é uma violência contra si mesma. Afinal, se alguém decide ter filhos, há de ser para criá-los."

Postura e sentimento

Cursos para gestantes existem aos montes, oferecidos por maternidades, clínicas e até pelas empresas mais esclarecidas. Ensinam as etapas da gravidez, a trocar fraldas, a dar banho e a fazer o bebê arrotar, enfim, cuidados básicos com o pimpolho. Alguns se preocupam em precisar os possíveis estados emocionais e de humor da grávida. Tudo muito louvável, mas ninguém lembrou (ainda) que seria prático ensinar a mulher (e o casal!) a reorganizar sua vida após a maternidade, até para que fosse mais fácil retornar ao trabalho. Falo em muito mais do que apontar como se escolhe uma babá ou uma escola; apóio uma preparação psicológica e realista. Por falta dela, as mães estão se reorganizando em grupos na internet e em blogs para dividir experiências enquanto todas tentam, da melhor maneira, dar conta das várias frentes de trabalho.

Só para retomar a questão da gravidez, chamou a atenção uma observação de Flávia Moraes, gerente de sustentabilidade da Philips, durante a entrevista que me concedeu para este livro: "Eu tinha uma funcionária que engravidou e achou que era doença. Ela pintou e bordou. Eu tinha tanta vontade de falar para ela que ela só estava grávida." Segundo Flávia, que, como mãe e profissional dedicada sempre teve consciência dos múltiplos papéis, esse tipo de mulher se boicota e tende a boicotar sua vida profissional. "Acho que é meu papel ajudá-la a entender o que acontece na vida dela e o quanto ela está se prejudicando."

Atitudes assim é que fazem alguns chefes torcerem o nariz para as grávidas ou, pior, delegarem a elas tarefas menores. É óbvio que ambientes agressivos de trabalho serão menos condescendentes com as necessidades das grávidas ou das recém-mães.

Bebê em viagem de negócios

Quando o Gabriel tinha apenas 5 meses, surgiu uma viagem profissional para Buenos Aires. Era uma reunião de dois dias inteiros, esquema workshop, num hotel. Não tinha como faltar.

Mas a decisão não era tão simples. Como ir, se o Gabriel ainda mamava no peito? Não queria desmamá-lo ainda, já que estava conciliando bem o meu trabalho com fugidas para mamadas a cada 4 horas. Parar de amamentar estava fora de questão. A solução? Já que a "mamadeira" iria, seria imprescindível levar o Gabriel comigo.

Surge a segunda dúvida: o que eu faria com o Gabriel se estaria em uma reunião durante dois dias inteiros? Mais um dilema e uma busca de solução rápida. Aliás, ser mãe equilibrista é também quebrar a cabeça e pensar em soluções boas em curto espaço de tempo. Levar minha babá de São Paulo comigo não dava, pois ela teria de cuidar da minha filha de 3 anos. Lembrei-me de uma amiga que morava em Buenos Aires. Contatei-a e, por meio dela, localizei uma babá peruana que faria um free-la e ficaria com o Gabriel, no próprio hotel, durante minhas horas de reunião.

E lá fomos nós dois, o Gabriel com passaporte e tudo, em sua primeira viagem profissional e já internacional. A babá, chamada Rosa, era super-recomendada e com boas referências. Passeou por todo o hotel e eu dava escapadas estratégicas para amamentar nas horas da fome.

Final da história: consegui atender um cliente importante, ter a presença do meu filho de 5 meses e não deixar de amamentá-lo. Foi uma experiência riquíssima para mim. E, hoje, o Gabriel aos 11 anos tem muito orgulho de contar para os amigos que foi com 5 meses a Buenos Aires para trabalhar!

Mas o tipo de profissional que tira proveito de doenças (e pede atestados médicos prolongados) é o mesmo que tira vantagem do papel de mãe. Lógico que há momentos — quando precisa ir ao médico ou ao pronto-socorro — em que ela precisa estar presente. Mas há casos que se esticam para a fisioterapia e depois abalam a rotina, pois a criança vai mal na escola, e aí a mulher se desequilibra e não sobra espaço para o trabalho. "Sempre quis saber qual a minha contribuição para a empresa; se não conseguisse conciliar, abriria mão. Porque trabalho exige maturidade", defende Flávia. Em resumo, vai em frente na carreira quem leva numa boa os dois mundos.

E a primeira e dolorida fronteira que os separa e os une parece ser a volta da licença-maternidade. A partir desse dia, volta-se ao "eu profissional", já tendo incorporado o "eu mãe". O momento é brindado por uma enxurrada de sentimentos misturados (veja boxe). A reação da profissional nesses primeiros meses pode influenciar uma mudança de rumos, já que a mulher ainda está se acostumando a essa transformação incrível e decisiva que é o tornar-se mãe. "O retorno ao trabalho após a licença-maternidade do meu primeiro filho foi extremamente sofrido, fiquei transtornada e me sentindo a pessoa mais culpada do mundo. Já no segundo filho, a volta foi mais *light*, afinal percebi que a confiança nas pessoas que cuidam dele é imprescindível... e isso só acontece com maturidade mesmo." Assalariada paulista, com filhos de 3 a 6 anos.

Para aquelas muito angustiadas, a diretora de escola de educação infantil Yara Jafet orienta a pensar melhor e a prorrogar a licença, pois ela não está pronta para a cisão e isso gera conseqüências para o bebê. "Tem mãe com um sentimento de posse

Sentimentos marcantes na hora da volta ao trabalho após a maternidade:	
Ansiedade	33%
Alegria	30%
Insegurança	25%
Conflito	24%
Culpa	22%
Angústia	20%
Felicidade	19%
Confiança	13%
Esperança	11%
Dúvida	11%

para com o bebê, uma relação simbiótica muito forte. Se esse sentimento começa a impedir que as crianças se relacionem com as berçaristas, pois gera ciúme, aconselho que a mãe prorrogue a licença ou busque apoio no marido, ou mesmo procure ajuda de um profissional, se o trabalho for de vital importância para o orçamento do casal", conta Yara. "A terapia pode ser um coadjuvante que vai ajudar muito a mãe profissional, até porque têm horas que sozinha a gente não dá conta. É preciso ter alguém capacitado que nos ajude a olhar para nós mesmas, contribuindo para que possamos eliminar nossas angústias, nossos medos."

Percebe-se uma mistura de sentimentos, mas predominam os mais relacionados ao medo da "despedida" — entre os dez principais, seis ou sete são mais negativos. E, na maior parte das vezes, a mãe de mais de um filho acentua ainda mais o lado negativo da retomada ao trabalho. Provavelmente, para ela, esse retorno é mais difícil, pois ela "sofre" por dois ou mais filhos.

Caminho sem volta

Segundo a advogada, escritora e feminista Rosiska Darcy de Oliveira, não dá mais para tirar a mulher do mercado de trabalho e devolvê-la ao lar, por vários motivos. Muitas são chefes de família ou dividem as despesas em condições de igualdade com o companheiro. Agora que já se acostumou com isso, o homem não quer mais voltar a ser o único provedor. Além disso, por serem grandes consumidoras, as mulheres interessam à economia, e, mesmo cansadas por suas rotinas, não voltariam a depender de mesada do marido. Seria muito humilhante, reforçou Rosiska, na matéria "Mulheres no limite". (*Istoé online*, 14 de junho de 2002)

Todo esse quadro só pode ser pintado numa sociedade como a nossa, em que o trabalho remunerado da mulher passa a ser importante no orçamento familiar. Em países europeus, onde a cultura e também o Estado dá suporte às mães, o papel da mulher na criação dos filhos é valorizadíssimo. Na Holanda, a profissional que deixa de trabalhar para ser mãe é muito bem vista.

O governo da França, justamente para incentivar a maternidade, concede uma licença de três anos (não remunerada todo o tempo) — quando quiser voltar, a profissional terá seu emprego garantido. Se contratar uma babá, ganha dedução no imposto de renda. Por esse motivo, 75% das francesas com dois ou mais filhos continuam no mercado de trabalho. A taxa de natalidade lá é de 1,94 filho por mulher, só ficando atrás da média irlandesa na Europa (a média européia é de 1,52 bebê por mulher).

Na Alemanha, quem tem emprego público também tem direito a uma licença-maternidade estendida; uma amiga professora emendou a licença da primeira filha na da segunda, que nasceu três anos depois, ou seja, acabou ficando 5 anos em casa e depois retomando o trabalho numa escola. Mas a escassez de mão-de-obra barata faz com que a mulher entre numa rotina estressante de cuidados com a casa e com os filhos (por lá não existem as empregadas e as babás).

Para reter seus talentos, algumas companhias na Inglaterra negociam contratos de meio período com as funcionárias mães. Outras oferecem licença não-remunerada por alguns anos, até que os filhos estejam mais crescidos. Mas para crescer mesmo na carreira, as mesmas exigem dedicação quase integral!

As brasileiras da nova geração já estão sendo criadas para ser mãe e profissional. Por um lado, para aumentar a renda familiar, por outro, porque desejam mesmo os dois mundos. Dedicar a vida toda a apenas um deles soa limitador, menos desafiante. E as brasileiras estão topando com garra esse desafio!

Para as empresas, esse desejo de equilíbrio entre vida pessoal e profissional ainda é o maior entrave. Quando se cria muitas políticas para facilitar a maternidade, corre-se o risco de limitar as carreiras, foi a observação que ouvi de uma executiva. Até mesmo em São Paulo, onde a flexibilização de horários já é mais comum, poucas empresas trabalham em esquema de *home office*. Apesar de todas as tecnologias de hoje colaborarem para essas facilidades, os empregadores ainda preferem vigiar os funcionários de perto para se sentirem no controle da situação. Por esse motivo, uma boa parcela das mães parte para o negócio próprio e consegue gerenciar a vida (pessoal e profissional) à sua maneira.

Licença-maternidade

País	*Tempo de licença*	*% do salário*	*Quem paga*
África do Sul	12 semanas	45%	Seguro-desemprego
Alemanha	14 semanas	100%	Previdência e empregador
Argentina	90 dias	100%	Previdência
Brasil	4 meses	100%	Previdência
Canadá	18 semanas	55%	Seguro-desemprego
Chile	18 semanas	100%	Previdência
Cuba	18 semanas	100%	Previdência
EUA	12 semanas	0	—
Itália	5 meses	80%	Previdência
Líbano	40 dias	100%	Empregador
Portugal	98 dias	100%	Previdência
Reino Unido	18 semanas	90% nas primeiras 6 semanas, depois é um valor fixo	Previdência
Suécia	Até 450 dias	Variável	Fundo mantido por empregados, empregadores e governo

* Fonte: Revista *Claudia*, edição de abril de 2006.

Uma casa, várias janelas

Outro dia, minha empresa fez uma palestra para clientes, como fazemos todos os anos. Nesses encontros sempre apresentamos algum tema relevante sobre nossa área de trabalho. Em nosso último encontro, realizado durante uma manhã num hotel em São Paulo, percebi a presença de uma cliente, ainda gozando de sua licença-maternidade.

Ao vê-la, a primeira pergunta que fiz foi: "O que você está fazendo aqui?" Meu espanto era porque ela estava "fora" do trabalho por esse período e não imaginei que fosse comparecer a um evento profissional, ainda mais que não teria grandes impactos diretos nem imediatos sobre sua carreira. A resposta de minha cliente foi ótima: "Quis dar uma escapada da minha rotina de mamadas. Estou achando ótimo sair um pouquinho e respirar o mundo profissional."

A resposta dela me fez pensar muito. Inúmeras vezes, na correria profissional, abrimos "janelas" e damos escapadas, como ela diz, para viver o lado mãe: levar o filho ao médico, ver uma apresentação de música da filha ou buscar o filho na escola, por exemplo. Abrimos essa "janela" para nos sentirmos mais completas, mais equilibradas, mais em paz conosco.

Minha cliente abriu a "janela" no sentido oposto, da maternidade para a vida profissional. Talvez as razões fossem as mesmas: sentir-se mais completa, equilibrada e em paz.

O que essa historinha me mostrou é que, para nós mães e profissionais, a complementação desses papéis é o que nos move. Não queremos estar com um "pé" num mundo e com o outro, no outro. Queremos pôr nossos dois pés nos dois mundos.

Em julho de 2005, a senadora Patrícia Saboya (PSB-CE) lançou a campanha pela licença-maternidade de seis meses, em parceria entre a Sociedade Brasileira de Pediatria, a Ordem dos Advogados do Brasil e a Frente Parlamentar em Defesa dos Direitos da Criança e do Adolescente. Ela criou o Programa Empresa Cidadã, que garante a extensão de 60 dias de licença para a mãe contratada; em troca, a empresa recebe do Estado uma concessão de incentivo fiscal, ou seja, tem reduzido do imposto de renda devido todo o dinheiro que utilizar pagando o salário integral da funcionária por esses meses extras. A adesão ao programa é voluntária (tanto a empresa quanto a funcionária podem optar por alongar ou não a licença). Mesmo que o programa tenha sido elaborado pensando em empresas privadas, vários municípios e Estados já aderiram à proposta, ampliando a licença-maternidade das funcionárias públicas. Além disso, em março de 2007, ganhou um apoio importante do então recém-empossado ministro da Saúde, José Gomes Temporão.

CAPÍTULO 2

Caindo na Real

Depois da volta ao trabalho, a rotina se reorganiza e a mãe se desdobra para dar conta das necessidades dos filhos. Essa mulher elástico, se por um lado sofre por não conseguir fazer tudo à sua maneira, por outro, conta com uma rede de apoio que garante a continuidade na profissão. Avós, babá, empregada e marido colaboram e interferem nesta vida de equilibrista.

"Eu me sinto como aquele gato preto com a maleta. Tudo o que ele quer, resolve com a maleta. E eu acho que mãe é bem assim. Se surge algum problema, ela vai lá e resolve."

Para além de gato, maleta e cartola — de onde certamente essa mãe tira seus apetrechos, truques e surpresas para agradar os filhos ou enfrentar situações que só outras mães sabem valorizar — o que mais chama a atenção é a expressão no rosto dessa mulher. "Essa carinha é porque eu sou muito feliz. Eu amo muito meu filho, tanto que até dói. Às vezes eu fico triste porque eu quero muito a ajuda do meu marido, mas nem sempre eu posso contar com ele. E o cabelo espetado é porque às vezes chego do trabalho estressada, cansada. Por um lado feliz, outro triste. A língua de fora é porque no final do dia eu estou acabada", explica essa paulista, com filhos de 1 a 3 anos, assalariada e participante de um dos grupos de pesquisa. Repare que um lado da caricatura sorri e o outro chora, deixando literalmente estampada na face a dor e a delícia da maternidade. Em quantas ocasiões ela teve que pensar rápido para contornar um problema? Afinal, de choro de criança às principais decisões sobre os filhos, na maioria dos casos, é a mãe quem resolve.

Caindo na real

Se você está com aquela sensação de que tudo o que precisa ser feito no dia não cabe em 24 horas, bem-vinda ao clube da mulher moderna. A vida já parecia complicada quando você fazia ginástica na hora do almoço, saía do trabalho direto para a faculdade e chegava acabada no final da semana — única brecha para um namoro ou relacionamento? É, tentar encaixar dedicação ao marido e aos filhos, carreira, cuidados pessoais, manutenção da casa (e, às vezes, do carro!) na agenda só pode ser coisa para equilibrista. Não é à toa que a expressão mulher elástico serve na medida para essa pessoa; é preciso ser flexível, adaptável, assumir várias formas e ainda manter a essência do que se era antes!

Quer prova maior do que ter a frase "Acho minha rotina muito sobrecarregada" obtendo concordância de 70% das pesquisadas? Além disso, foi o terceiro enunciado com maior nível de concordância da lista (veja na p. 199). Essa constatação, ao lado da alegria de ser mãe e da crença na qualidade do contato, forma o tripé de sustentação da identidade da mãe que trabalha. Ela é muito feliz com a maternidade, crê na qualidade mais do que na quantidade e sente-se sobrecarregada. Aliás, em artigo publicado no jornal *Valor Econômico* (março de 2006), uma pesquisa realizada pela PUC — SP aponta que 91% das mulheres se declaram estressadas. Sem dúvida, esse gerenciamento de tantas frentes cobra um preço físico e emocional.

Uma outra frase mede esse mesmo sentimento: 65% das mães concordam com "Sinto-me cansada para conseguir equilibrar todos os meus papéis."

Mais do que mulher elástico, a psicóloga Magdalena Ramos chama essa pessoa de mulher-maravilha. Porque ela se exige ser boa em todas as coisas que faz, e é praticamente impossível que consiga. "Mas carrega essa angústia permanente porque quer ser boa mãe, boa dona-de-casa, boa esposa, boa amante, muito competente no trabalho, tem que estudar e se atualizar. E ainda precisa ser magra, fazer ginástica e cuidar da alimentação", enumera Magdalena. Só sendo mulher-maravilha mesmo para enfrentar tantas exigências. "Essa síndrome produz uma mulher que vive com a conta no vermelho, está sempre devendo. No trabalho, pensa que não está com o filho. Quando fica com o filho, pensa que deveria ter ido a uma reunião ou ao supermercado. Essa mulher não consegue estar em paz em nenhum momento do dia."

A questão não é "O que estou com vontade de fazer agora?" mas sim "O que eu faço primeiro?" Situações extremas, como o filho doente, abalam ainda mais esse frágil equilíbrio. Afinal, como comenta Sylvia Mello Silva Baptista (no livro *Maternidade & Profissão, oportunidades de desenvolvimento*), apesar de voltada para fora e dedicar-se ao lado profissional, é esperado dela sucesso no lar, ou seja, é obrigatório esse sucesso, como pré-requisito para sua saída ao mercado de trabalho. Caso isso não seja cumprido, se misturam os dois campos e a mulher é tachada de incapaz. Esse excesso de cobrança da sociedade leva a exemplos extremos, como a expressão mãe-corvo, cunhada, quem diria, na Alemanha dos anos 2000. Mãe-corvo é aquela que delega o cuidado e a educação dos filhos aos outros e sai para trabalhar. Em outras palavras, é malvista pela sociedade. Como no país as licenças-maternidade são extensas e os benefícios sociais generosos, as pessoas não conseguem entender que a opção filhos não exclui a opção carreira. Arrisco até o palpite de que a baixa taxa de natalidade alemã também sofra influência desse preconceito.

O perfeccionismo, de todo modo, é um mal do qual padecem européias, americanas e até mesmo brasileiras. Em geral, serve apenas como motivação para o sofrimento, assim como a culpa (veja no capítulo Coração Dividido). "Em meu divã, percebo que as mulheres estão perdidas", diz a terapeuta de família Simone Savaya. "Elas querem ter um trabalho maravilhoso, ser

Mulher elástico*

"No mundo do trabalho, dizíamos para nossos patrões: 'Me aceite, você nem sequer vai perceber que sou uma mulher.' Na vida privada, dizíamos aos maridos: 'Eu vou sair para trabalhar e você nem sequer vai perceber que saí de casa. Nada vai mudar aqui dentro.' Queríamos garantir nossos espaços sem prejudicar o santo patrão nem o santo marido. Com esse discurso, ocultamos um fato social fundamental, que só agora está vindo à tona: as vidas pública e privada estão indissoluvelmente imbricadas. No momento em que a mulher conquista seu espaço no mercado e esconde que a vida privada dá trabalho e consome seu tempo, ela oculta que a vida privada prejudica o desempenho profissional. Na luta pela igualdade de oportunidades, é inevitável deixar claro que a vida privada é algo a ser negociado. Não negociamos, assumimos tudo e transformamos nosso tempo em algo elástico. É por isso que as mulheres estão esgotadas."

ROSISKA DARCY DE OLIVEIRA É ADVOGADA, ESCRITORA, FEMINISTA E ACREDITA QUE É PRECISO RECUPERAR A VIDA PRIVADA PELA REENGENHARIA DO TEMPO.

---

* Trecho extraído da reportagem "Mulheres no limite", da revista *Istoé online*, de 14 de junho de 2002.

boas profissionais, bonitas e boas amantes. Mas também querem ter filhos, organizar a família, manter a casa em ordem. Quando percebem que é impossível ter tudo, entram em crise."* E não é porque são cobradas pelo marido, pelos filhos, pelos pais, mas, principalmente porque elas mesmas se exigem demais. Existe um modelo interiorizado que nasceu da nossa cultura, da educação que recebemos, da opinião das amigas e até da influência poderosa da mídia — quem não se lembra daquele ideal do comercial de margarina ou da mãe famosa do *show biz*, linda e sorridente, passeando com os filhos? Para Marina Massi, autora de *Vida de Mulheres, cotidiano e imaginário*, o modelo da supermãe e da supermulher apavora e persegue as mulheres, tornando-as angustiadas em relação ao papel a ser cumprido. Apesar de gratificante, a maternidade rouba tempo e disposição, ou seja, pode ser entendida como limitadora (no sentido de que diminui a dedicação ao marido, à casa, ao trabalho). Para driblar a limitação e conseguir dar conta de tudo, a mulher multiplica seus afazeres e subtrai tempo do lazer e dos cuidados consigo mesma. Não raro essa ginástica de horas e minutos resulta em stress cotidiano e em uma estafa no final do ano!

> *"Escrava da amplitude e da diversidade dos ideais, dos quais precisa ao menos conseguir se aproximar, a mulher elástico, vitimada pelo excesso e pelo cansaço diante de suas incríveis atribuições, vive culpada diante da constatação da impossibilidade de ser tudo o que se exige dela."*
>
> MARIA HELENA FERNANDES, PSICANALISTA (2004-2005, REVISTA *MENTE & CÉREBRO*).

---

* Declaração da reportagem "Só as mães são sinceras", da revista *Época*.

Trabalho e família na balança

"Você pode ser demitida amanhã, mas você sempre será mãe." Frases como essa pontuaram um estudo feito com ex-alunas da Universidade de Stanford, conduzido por Laraine T. Zappert, e que originou o livro *Getting it Right — How working Mothers Succesfully Take Up the Challenge of Life, Family, and Carreer* (ou *Acertando — como mulheres que trabalham têm sucesso tocando desafios de vida, família e carreira*). Nesse estudo, ela observa que quando chegam os filhos, eles se tornam prioridade máxima na vida da mulher e a carreira acaba indo para o segundo plano. Não sei se isso é uma verdade absoluta para todo mundo. Talvez as mulheres brasileiras tenham mais suporte do que as americanas para continuar levando suas carreiras (empregada, babá, avós). E por outro lado, na maioria das vezes, elas precisam ajudar no orçamento doméstico, por isso não podem abrir mão do trabalho fora de casa. É verdade que existe uma recusa em relação a assumir cargos mais elevados e posições que exijam sacrifícios como viajar muito ou trabalhar até tarde da noite.

Mas dentro dessa nova organização do tempo e de valores — lembrando ainda que o eu profissional aparece com força na vida da mulher atual bem antes do que o eu mãe — surge também outra questão: a maternidade deve mesmo ocupar o primeiro lugar? Um artigo da revista americana *Pink Magazine* (ago/set de 2006, "The good Mother", by Paige Parvin) revela que as top executivas chegaram onde estão colocando os filhos em segundo plano (às vezes), mas que elas não podem admitir isso, pois a sociedade as condena. No programa *60 minutes*, Felicity Huffman, atriz de Desperate Housewives, deu uma resposta inesperada à pergunta: "Ser mãe é a melhor experiência de sua vida?"

Ela disse: "Não, e acho essa pergunta odiosa, pois coloca a mulher numa posição indefensável. Pois a não ser que eu diga a você: oh, foi a melhor coisa que já fiz em toda a minha vida, sou considerada uma péssima mãe!" E o artigo analisa: Uma executiva bem-sucedida sabe que, embora adore a maternidade, às vezes terá que colocar a carreira na frente dos filhos. Para alcançar postos altos na cultura corporativa, não dá para esperar o filho na porta de casa quando chega o ônibus da escola. Você pode ser vice-presidente ou mãe do ano, mas não ambos!

Isso me soa como pura verdade, não dá para tirar dez em tudo... é preciso se contentar com menos. E, além da sociedade vendo com maus olhos essa mãe que prioriza o trabalho, essa pressão dos outros é que nos deixa totalmente culpadas. E outra, e se nossos filhos nos culparem por não colocá-los em primeiro lugar? Será que dá para dormir tranqüila sob essa acusação? Em termos de valorização, o resultado da pesquisa quantitativa foi unânime: as brasileiras declaram sempre colocar os filhos em primeiro lugar. Diante da questão sobre a importância atribuída a cada um dos personagens/atividades ou papéis, ela deveria graduar 5 opções: filhos, marido, trabalho, ela mesma, cuidados com a casa. Os filhos foram considerados de importância máxima (10), ela mesma e o marido ficaram com 5,7 de nota; o trabalho ganhou apenas 5,4 e o trabalho em casa, meros 4,4. Se essa for a fórmula de prioridades que funciona para as mulheres brasileiras, elas não ambicionam mesmo ser vice-presidentes de empresa, mas dão todo o valor a uma família feliz. Diante da realidade do mercado de trabalho — que é sustento, mas tam-

"Busque ser flexível, pois você será mais feliz. Nunca mais a sua vida será controladinha."

ASSALARIADA, SP,
FILHOS DE 0 A 2 ANOS.

bém realização —, parecem procurar um caminho do meio, fazendo malabarismos para garantir a qualidade de vida e nem por isso ser alvo de acusações de todo lado (acho que a reflexão vale também para os homens, que igualmente procuram estar mais presentes na família, ao contrário da geração dos nossos avós). O desafio nos dias de hoje é: Como dividir bem suas 24 horas entre dedicação profissional e cuidados com os filhos, a casa e o parceiro?

O feitiço do tempo

Nas grandes cidades, a combinação trânsito, horários, trabalho e compromissos é um complicador da vida moderna. Quem, em nenhum momento, contou os minutos para acabar aquela reunião com o chefe ou o cliente e saiu correndo para buscar o filho do outro lado da cidade, chegando no horário limite de fechar a porta da creche? Por mais que a gente queira desdobrar o tempo, ele não faz mágica. É preciso rebolar para dar conta de tudo, mas não dá para enganar os ponteiros do relógio.

Se você quer que a semana seja para o trabalho e o fim de semana para seu descanso pessoal, quando sobra tempo para o filho? É preciso perder em algum lugar para poder ganhar em outro, lembra o pediatra Leonardo Posternak. Temos que saber que o período para fazer coisas com os filhos é muito curto. Se deixar para mais tarde, quando você quiser, ele não vai querer mais. Então, por alguns anos, é preciso decidir como dividir seu tempo. Não dá para trabalhar 12 horas diariamente e no sábado levar o filho para ver um desfile ou fazer compras em lojas, isso não é programa de criança!

TEMPO do dia para...	*Dia de semana (horas)*	*Fim de semana (horas)*	*Diferença (horas)*
Atividades em que está junto com o filho/os	4,6	9,3	+ 4,7
Rotinas da casa	1,8	2,6	+ 0,8
Para ela mesma	1,2	2	+ 0,8
Para o marido	1,5	3	+ 1,5

Foco nas crianças

Na parcela "vida pessoal" da atribulada agenda da mulher moderna, o cuidado com os filhos ainda supera todas as outras atividades em número de horas. A tabela acima gera alguns questionamentos. O tempo dedicado a si está em último lugar na distribuição de horas. Como as mulheres se sentem com essa pouca dedicação a si mesmas? Os maridos também recebem menos atenção da mulher do que ela dá à casa (em dias de semana). Como ele fica diante disso? E a relação conjugal? Segundo a terapeuta familiar Magdalena Ramos, é recorrente a reclamação do marido, que diz que ela se dedica muito aos filhos e pouco a ele — alguns até exageram, dizendo que o filho tomou o lugar dele.

Olhando a tabela do final de semana, percebe-se que a mãe não usa suas horas livres para cuidar da casa ou de si, mas dobra o tempo dedicado aos filhos e também ao marido. Ou seja, ela usa suas horas de folga onde acha que está devendo mais — o débito é maior na relação com os filhos e com o marido.

O tipo de atividade profissional impacta o número de horas dedicadas aos filhos, à casa, a ela mesma e ao marido (dias de semana, segunda a sexta):			
	Assalariada	***Autônoma***	***Empresária***
Horas de trabalho	9	7,1	8
Horas da criança	4,1	5,6	5,3
Rotinas da casa	1,7	2,2	1,6
Ela mesma	1,1	1,3	1,2
Ao marido	1,3	1,5	1,8

Na pesquisa, revelou-se outro dado interessante: as mães que têm um só filho trabalham um pouco mais (8,6 h) do que as mães de dois ou mais filhos (8h). Isso demonstra que quanto mais filhos, mais difícil é a dedicação à vida profissional.

Para racionalizar o tempo, a mulher acaba cortando todas as atividades não essenciais. "Desde que a bebê nasceu, não tive tempo para fazer a unha", desabafa uma dona-de-casa, mãe de três meninas pequenas. Para ela, cuidar das três e da casa sempre passa na frente de cuidar de si. Já para as mães que trabalham fora, fazer a unha de vez em quando é essencial. Nesse caso, se for preciso, rouba-se a hora do almoço para dar conta da mão, do cabelo e até do supermercado. A malabarismos, todas estão sujeitas, as que trabalham fora ou não, pois a rotina dentro de casa é tão ou mais pesada. Sobra menos tempo, também, para relacionamento com amigos e familiares. "Acabo vendo as amigas em almoços durante a semana, isso quando as agendas permitem", conta outra mãe e profissional paulista. Essas válvulas de escape: ver as amigas, fazer uma atividade física com prazer, passear, cuidar da aparência e da saúde ou simplesmente ler um livro precisam ser espremidas naquelas já tão poucas horinhas. "Ah, tá, da meia-noite às seis eu encaixo mais isso", brinca uma amiga minha.

Quanto à enxurrada de exigências com que a mulher convive nos dias de hoje, Rosiska Darcy de Oliveira defende uma teoria: quem discute desenvolvimento sustentado deveria estar preocupado com a sustentabilidade psíquica das famílias. "Existe uma cobrança das próprias mulheres que é incorporada na sociedade. Esses conflitos só existem porque a realidade está insustentável. A vida, como está organizada hoje, não cabe nas 24 horas. Em vez de abrirem espaços de liberdade, as novas tecnologias estão sendo usadas para acelerar o trabalho. Isso está criando um problema de insustentabilidade", observa ela. "Recentemente, li num artigo de um jornal inglês que uma em cada cinco crianças na Grã-Bretanha é delinqüente. É uma indicação clara de que algo não está funcionando. Suspeito que seja um tempo mal trabalhado, que não deixa sobrar espaço para os filhos." O dado é preocupante e outros, nessa mesma linha, também merecem atenção. Veja este: Estudos americanos informam que a convivência entre mãe e filho resume-se a duas horas diárias. No passado, o período de convívio era cinco vezes maior.* "Hoje, mãe não pode ficar tanto com o filho. Antes cuidava do filho e da casa. Agora não, toma parte no orçamento, tem contas para pagar e o custo de vida é maior", explica uma participante do grupo de pesquisa de mães que trabalham, com filhos de 1 a 3 anos. Depois desabafa: "Às vezes até passa pela cabeça: será que não era melhor estar na época da minha mãe?"

---

* "Já fez o dever de casa?" Não há como escapar: a maternidade deixa culpadas as que trabalham fora e as que ficam em casa. Revista *Veja* especial 1º de agosto de 2002.

"Não sou uma mãe do tipo leoa. Costumo dizer que sou uma mãe-polvo, porque gostaria de ter mais braços para abraçar meus três filhos ao mesmo tempo. Às vezes, gostaria que o dia tivesse mais horas para conseguir fazer tudo o que eu queria."

FÁTIMA BERNARDES EM DECLARAÇÃO À *CONTIGO!* (8 DE JUNHO DE 2006).

A psicóloga Magdalena Ramos lembra bem: quando os pais começaram a se divorciar, temia-se qual seria o impacto psicológico dos "filhos da separação". "Todos sobreviveram, e hoje se vê que é mais saudável conviver com os pais separados do que suportar uma rotina de brigas e discussões e, ainda por cima, servir de motivo para segurar casamentos fracassados." Atualmente passamos por dúvida semelhante: o que será dos filhos das mães que trabalham em período integral? As crianças são seres adaptáveis e, diga-se a verdade, nem conseguem vislumbrar como seria seu dia-a-dia com a mãe à disposição de segunda a domingo. Carências todos têm, mas, aparentemente, quem mais sofre com a distância e com a conseqüência de suas escolhas são as próprias mães. "Os filhos se acostumam, sabem que a mãe não pode estar presente em todos os eventos", conta Adriana Clemente Gardel, coordenadora do ensino fundamental da Escola Pueri Domus. Segundo ela, as crianças mais velhas conhecem a agenda da mãe e conseguem até negociar datas para viabilizar a presença dela em alguma apresentação importante. "Sinto que os filhos de mães que trabalham são mais independentes. Precisam se virar mais", observa Adriana.

Quem faz o que na rotina dos filhos?					
QUEM	*Mãe*	*Pai*	*Empregada*	*Babá*	*Avós*
Acorda	67%	10%	7%	4%	5%
Prepara o café da manhã	48%	12%	23%	5%	9%
Leva para a escola*	41%	14%	3%	2%	6%
Busca na escola*	36%	13%	3%	3%	8%
Vai às reuniões da escola	75%	6%	–	–	3%
Leva para atividades fora da escola	58%	13%	2%	1%	5%
Prepara a lancheira	46%	4%	14%	5%	6%
Prepara o almoço	21%	2%	43%	4%	17%
Prepara o jantar	46%	5%	26%	5%	12%
Almoça junto com a criança	34%	7%	13%	7%	15%
Leva ao médico	91%	4%	–	–	3%
Janta junto com a criança	59%	9%	5%	5%	9%
Dá banho	37%	7%	12%	9%	7%
Faz dormir / põe para dormir	71%	12%	1%	2%	2%

* Leva para a escola/busca na escola: condução/perua escolar, 18%.

Apesar de trabalhar fora, a mãe é soberana em todas as atividades relacionadas aos filhos. A onipresença é o que caracteriza a mãe que trabalha fora. A sensação de ser uma "supermulher" se confirma com esses dados. Também a ausência ou pouca divisão de tarefas por parte do pai fica cristalizada. Eles ficam muito atrás das mães em todas as atividades. O pai participativo (veja próximo capítulo), do qual tanto se fala, ainda é um sonho das mulheres. Nada na vida real (da média das mulheres) confirma esse empenho dos homens em partilhar com a mãe o dia-a-dia das crianças. Até mesmo durante o jantar, que teoricamente teria a presença de ambos os pais em casa, os pais estão ausentes. Eles jantam com os filhos em 9% das vezes — é a mesma incidência dos avós!

Avós de hoje

Por trás de um grande homem, há sempre uma grande mulher. Quem não se lembra dessa frase célebre, tão válida no modo de vida americano do meio do século passado, quando o mundo era só progresso? Pois em pleno século XXI, bem se poderia dizer que por trás de uma bem-sucedida mãe e profissional, há sempre uma generosa... avó! Personagem fundamental nessa logística intrincada das mães que trabalham, as avós (mãe da mãe ou do pai) são as pessoas mais confiáveis para se entregar o netinho e sair para a labuta. "Todos os dias pela manhã, antes de trabalhar, pego o meu filho no berço, enrolo num cobertor e levo para a casa da minha mãe. Mas antes de entregá-lo, dou um beijo no seu rosto e sempre digo "filho, mamãe está indo trabalhar para conseguir dar-lhe uma vida melhor, mas quero que saiba que eu te amo!" O depoimento dessa paulista, assalariada, com filhos de até 2 anos, poderia ser o de tantas outras.

Onde ficam os filhos enquanto a mãe trabalha?

61% na escola

43% em casa

24% na casa dos avós!

As mães que têm só um filho são as que deixam mais com avós (27%, contra 19% das que têm 2 ou mais filhos). Também é opção maior entre assalariadas (28%). Para se ter uma idéia da importância dos avós para as mães que trabalham, quando a criança fica em casa, em 44% dos casos quem fica responsável por ela são os avós. Eles cuidam das crianças mais do que empregadas

(39%) ou babás (21%). O pai/companheiro fica com a criança em 13% dos casos enquanto a mãe trabalha.

A pesquisa Singulares, da Philips, também perguntou qual a pessoa responsável pelos filhos no horário de trabalho. Em 44% dos casos eram mãe/pai da entrevistada e 6% dos casos a sogra, ou seja, em 50% dos casos são os avós os responsáveis pela criança enquanto a mãe está fora.

"A relação de colaboração dos avós com os pais só funciona bem se existe uma boa relação transgeracional, ou seja, se a primeira relação foi boa. Se a filha teve problemas com a mãe, ela cuidar dos netos vai ser mais um foco de atrito", observa o Dr. Leonardo Posternak, autor do *Livro dos Avós*. Na casa dos avós é sempre domingo? Num dos capítulos, ele ressalta que o século XXI será o século dos avós. E dá algumas pistas: entre os americanos, mais da metade tornam-se avós entre os 49 e 53 anos — e passam de 30 a 40 anos nessa função. Metade dos avós tem contato semanal com seus netos, e mais dois terços têm contato mensal. Na França, cerca de 80% das pessoas com mais de 65 anos têm netos, e quase a metade destas será bisavó. Alguns serão tataravôs: 20% das mulheres com mais de 80 anos são tataravós. Na Inglaterra, existem hoje 16,5 milhões de avós e, por volta dos 54 anos, metade da população tem netos. Destes, 25% são os principais responsáveis por cuidar das crianças e os avós passam em média 6,5 horas por semana como substitutos dos pais.

Definitivamente, o suporte dado pelos avós para quem tem filhos pequenos (ou nem tão pequenos) é uma mão na roda. Não é à toa que casais jovens escolhem a proximidade de um dos pais para morar, pois podem contar com esse valioso apoio. De outro lado, aqueles que não têm família por perto, sempre se queixam da falta que faz. Avós, antes de tudo, são uma ajuda amorosa, confiável, paciente, desinteressada e gratuita. De outro lado, constituem uma maneira das pessoas na maturidade se sentirem valorizadas e úteis, às vezes redescobrindo talentos ou prazeres há muito esquecidos; da leitura de um livro a uma brincadeira, ou até um avô dedicado resgatando com os netos momentos que não pôde acompanhar na criação dos filhos.

Quem não pode contar com eles precisa se virar contratando empregadas com disposição para também cuidar de crianças e babás. Ou então, decidir por colocar o filho em uma escola por período integral. São decisões difíceis, agravadas pelo fato de que devem ser tomadas quando a criança ainda é um bebê. "Acho que quando tem uns 3 ou 4 anos melhora, mas quando é bebê é pior, porque não tem como se defender", pondera uma mãe grávida do primeiro filho, participante do grupo de pesquisa qualitativa. "Quando chegar em casa vou tirar toda a roupa para ver se não tem nenhum roxinho", preocupa-se outra mãe.

Família ao lado, sossego dobrado

Sempre digo para as pessoas que sou privilegiada: meus pais moram, literalmente, atrás da minha casa. Com direito a uma portinha que dá acesso às duas casas. Muitas mães que trabalham fora provavelmente sonhariam com essa vantagem. Especialmente se pensarmos numa cidade grande. Também sei que estar perto pode trazer outros problemas, mas olhando para o lado bom da coisa, que no meu caso é bastante grande, considero-me abençoada.

Nem sempre foi assim. Quando meus filhos nasceram, meus pais moravam num bairro e nós em outro, não tão próximo. Sei bem o que é não ter os pais à mão quando se precisa. Mas há uns 7 anos tenho a felicidade de tê-los por perto. Meu marido foi um grande incentivador dessa proximidade com os sogros!

Mas, apesar de estarmos pertinho, no dia-a-dia, meu marido e eu optamos por não "dividir" tarefas relacionadas às crianças com meus pais. Todos os dias combinamos quem dos dois levará ou pegará na escola, quem buscará no clube, se a condução precisará ser acionada. Enfim, todo dia checamos nossas agendas profissionais e negociamos quem faz o quê. Hoje, nossa atividade profissional permite isso e procuramos usufruir de mais essa abertura de nossas carreiras. Eu, como mãe, é quem gerencio essa distribuição de tarefas, mas conto integralmente com a participação do meu marido.

Voltando aos avós, também meus pais são pessoas bastante ativas, com atividades profissionais e pessoais próprias. Eles não têm nenhuma obrigação diária ou semanal fixa, como ir buscar na escola, levar ao clube ou ficar com nossos filhos até chegarmos em casa à noite. Por outro lado, só de saber que eles estão por perto é uma tranqüilidade que não tem preço. Nós sabemos que, se necessária, a retaguarda dos avós está garantida. Numa viagem do casal ou numa esticada noturna, meus filhos buscam imediatamente abrigo na casa dos avós. E adoram a folia e os mimos da casa dos meus pais!

Não acho apenas uma coincidência que meu irmão, Paulo, e minha cunhada, Silvia, tenham se mudado com os filhos para a mesma rua de meus pais. Minha cunhada, como uma boa representante do clube das mães equilibristas, também usufrui de alguns privilégios semelhantes aos meus. Posso imaginar que também para ela, e para meu irmão, seja uma ajuda e tanto ter os avós por perto.

Vale deixar registrado um agradecimento especial a todos os avós. Sem eles, sem dúvida, a vida das mães que trabalham fora, e dos pais, seria diferente. Principalmente bem mais complicada e com muita insegurança.

Fases mais sofridas

A dupla jornada exige seus sacrifícios, isso é claro. Mas em qual momento da idade dos filhos é mais difícil conciliar esses dois mundos, maternidade e trabalho? Existem três fases mais complicadas. Das entrevistadas na pesquisa quantitativa, 59% declaram que o período mais crítico é até 1 ano de idade. Vários fatores devem levar a essa percepção: relação intensa entre mãe e filho; cuidados 24 horas; dependência física da mãe; proximidade da gravidez e o forte vínculo. De 1 a 2 anos foi o segundo período mais citado, com 18% de menções. Funciona um pouco como a continuação do período anterior, pois vários temores das mães de filho até 1 ano seguem válidos até 2 anos. Acima de 11 anos ficou em terceiro lugar, com 11% de citações. Provavelmente os temores são outros: início da pré-adolescência, maior dificuldade de controlar a criança à distância.

"Trabalhar é essencial. Cuidar dos filhos é fundamental."

EMPRESÁRIA DO PARANÁ, FILHOS DE 3 A 6 ANOS.

Em qual etapa da vida dos filhos é mais difícil conciliar maternidade e trabalho?

Até 1 ano	59%
De 1 a 2 anos	18%
3 / 4 anos	5%
5 / 6 anos	3%
7 / 8 anos	2%
9 / 10 anos	2%
11 + anos	11%

Crianças pequenas, até os 2 anos, têm uma relação muito intensa com a mãe. Ainda não entraram outros personagens no mundo delas, mais significativos para quem ela possa delegar. Então, esses dois primeiros anos são muito próximos. Além disso, a comunicação é ponto crucial. Você chega em casa à noite e não sabe o que aconteceu com o filho, pois ele ainda não fala. "Eu acho que criança não deve ir para a escolinha antes de falar, pois assim se vira melhor", acredita uma das ouvidas no grupo de pesquisa com grávidas. "Eu pensei em deixar uma babá junto com a minha sogra e minha sogra controla", planejou outra mãe.

Depois, quando os filhos têm até 5 anos, a sede de participação é muito grande, pois é uma delícia acompanhar de perto seu crescimento e suas conquistas: dá vontade de levar na natação, contar histórias, levar e buscar na escola. Mas geralmente esta fase coincide com o momento mais produtivo da carreira da mãe (entre os 30 e 40 anos) e muito poucas consideram largar para retomar o trabalho alguns anos mais para a frente.

Uma executiva de uma empresa de tintas que morou e trabalhou um ano na Inglaterra tinha uma colega que estava voltando da licença-maternidade e perguntou como ela resolvia sua rotina naquele país. "No final do mês, dou meu salário inteirinho na mão da babá", confessou a colega. "Mas, então, por que você não desiste e fica com o bebê em casa?", retrucou a brasileira. "Porque em alguns anos ela vai estar na escola pública e vou poder ter meu salário de volta. Se pedir demissão agora, corro o risco de não me recolocar mais", explicou a inglesa.

Se quando pequenos o temor é de maus-tratos, sem contar a carência da própria mãe em deixar o filho aos cuidados alheios,

"O filho gera um desequilíbrio. A gente não sabe que pode amar tanto um ser humano e esse sentimento se apodera de nós quando pegamos nosso bebê no colo pela primeira vez."

YARA JAFET, MÉDICA E PROPRIETÁRIA DE ESCOLA INFANTIL.

com os adolescentes, o fantasma de perder o controle é uma realidade. A mãe identifica o mundo externo como muito perigoso, pois entra a relação com o outro sexo, drogas, alcoolismo, etc. Quanto mais presente a mãe estiver, melhor será.

"Tive muita angústia na adolescência dos meus filhos. Li muitos livros, fui a muitas palestras e ouvia: 'Jamais deixe seu filho chegar de madrugada em casa sem você olhar'", conta Flávia Moraes, gerente de sustentabilidade da Philips. "Era um terror porque se eu ficasse esperando, eu iria dormir 2 horas da manhã e no dia seguinte tinha que trabalhar. Sempre achei o conceito certo, mas inexeqüível para a mãe que trabalha." Flávia sempre esteve presente, conviveu com os amigos dos filhos, levou-os para dentro de casa, mas nem por isso deixou de ter medo, pois não acredita em escola sem drogas e nem em festas onde não role bebida.

Babás: conforto e perda de limites

Há alguns anos lembro-me de ter lido no jornal que babás cariocas estavam indo a escolas particulares para participar de reuniões de pais. Afinal, elas é que sabiam tudo sobre a vida das crianças, enquanto os pais verdadeiros estavam ocupados demais em sua rotina de executivos e mulheres de negócios. Na época, as escolas questionavam se deveriam conceder tamanha liberdade às famílias. Minha reflexão é outra: como estes pais perderam de vez a participação na rotina dos filhos, a ponto de transferir responsabilidades desta ordem para as babás? Não raro as mães precisam pedir socorro a essas profissionais para responder às perguntas do pediatra, pois se eximem dos cuidados básicos, não sabem o que a criança come ou como reage aos amiguinhos no parquinho. É uma escolha da qual, com certeza, se arrependerão.

A educadora paulista Ana Dini vê com preocupação o excessivo envolvimento das babás em certas fases da vida. "Acho que incentiva uma dependência muito grande, já que as babás são as grandes responsáveis por tudo, dão muito pouca autonomia às crianças", pondera. Em certa ocasião, participou de uma festa de crianças de 5 a 6 anos, todas com suas babás. Lembrou que na própria infância, quem tinha 6 anos já poderia se comportar bem e ficar sozinho numa festa. Ali não, as babás eram a proteção, o controle e o mimo. "Com certeza, esse excesso de zelo terá alguma conseqüência psicológica na fase adulta", acredita Ana.

Tudo é questão de dosagem: há casais que dependem de babás para ir trabalhar ou ter aqueles únicos momentos a dois na semana. E a escolha da babá é sempre delicada, pois resvala num âmbito onde a confiança e o medo são extremidades opostas. Se as crianças são pequenas, teme-se que a babá não cuide direito ou tenha algum descuido com a alimentação, que deixe o bebê cair, enfim... uma série de variáveis que só deixa as mães mais culpadas por não estarem presentes. Quando o filho é mais velho, aparecem as encucações quanto à linguagem, ao tipo de programa de TV ou música que a babá ouve ou deixa ele ouvir. A relação empregada/babá–mãe é outro capítulo. "Elas têm muito medo de cobrar uma conduta tal da empregada ou babá por medo que ela desconte nos filhos", ressalta a psicóloga Magdalena Ramos. "É uma relação delicadíssima, especialmente com crianças pequenas que não falam. A mãe tem medo de reclamar de alguma coisa, a babá ficar zangada com ela e revidar na criança. Então, muitas vezes, a mãe engole sapos dessa babá porque tem medo do que pode acontecer na sua ausência. E de fato acontece, desde situações mais dramáticas até as mais usuais. Pode acontecer também de a criança, quando a

Ajuda só quando necessário

Desde o início, após meu retorno ao trabalho, optei por ter uma babá para me auxiliar com minha primeira filha. Na época, morávamos num apartamento com uma boa área de lazer e, junto com meu marido, decidimos que essa seria a melhor opção para nós e para nossa filha. Além de ter um espaço doméstico bom, achei que o fato da Beatriz estar em casa, conviver com suas coisas e preservar sua rotina seria importante para ela. A maior questão que meu marido e eu consideramos foi: não queríamos uma babá em tempo integral, que dormisse em casa e passasse o final de semana conosco. Nossa decisão foi definida a partir de uma premissa simples: nós queríamos criar nossa filha. Criar em todos os sentidos, nas coisas boas e nos momentos mais chatos, nas madrugadas maldormidas ou nas limitações à nossa vida pessoal que isso poderia custar.

Assim, combinamos de ter uma babá que chegasse de manhã, passasse o dia todo com a Beatriz e, assim que um de nós chegasse em casa, ela iria embora. Também definimos que nos finais de semana não teríamos babá. Queríamos estar perto da Beatriz. Com uma babá por perto, até por comodidade, sabíamos que delegaríamos algumas responsabilidades e acabaríamos perdendo um tempo precioso de contato com nossa filha. Confesso que meu marido foi um grande incentivador desse esquema que montamos. Tinha horas que eu estava exausta e sonhava com uma babá no domingo de manhã. Mas, incentivada por ele, fui levando e acho que todos ganhamos com esse esquema.

Quando nasceu o Gabriel, as coisas ficaram mais apertadas. Eu trabalhava mais e tinha não só um para cuidar, mas dois. Flexibilizei um pouco o esquema e passei a ter uma babá que dormia. Assim, enquanto eu dava banho em um, ela me ajudava a dar comida para o outro. Mas mantive o final de semana só para nós quatro. É claro que cansava, mas acho que esse contato entre nós não tem preço. Foi muito bom mesmo!

Também adotamos como política familiar nunca levar babás em períodos de férias ou viagens. Por quê? A resposta é simples. Para meu marido e para mim, babá é alguém que cuida de nossos filhos no momento que não podemos estar próximos deles, como na ausência em função do trabalho, por exemplo. Nos fins de semana, em viagens e férias tínhamos todo o tempo do mundo e uma vontade enorme de estar perto de nossos filhos. Mais uma vez, é claro que essa "política familiar" cobra um preço. Lembro-me de umas férias que nos alternávamos para correr na praia; por exemplo, ele ia e eu ficava com as crianças. Ele voltava da corrida e eu ia. Trocávamos o turno. Mas tudo bem, tempo livre, para nós, não era ficar também livre dos filhos. Pelo contrário, era oportunidade de usar o tempo livre para conviver com os filhos, já que na correria do dia-a-dia as horas de contato são mais limitadas.

Bom, mas o grande desafio de quem opta por ter uma babá é a busca da babá ideal. Quantas e quantas horas as mulheres gastam (me incluo nessa também) conversando entre si para discutir o tema das babás. Não é fácil achar uma boa babá, mas também não é algo impossível. Nem todas as babás são como as que vemos nos noticiários, que espancam crianças, que comem a comida do bebê em vez de dar para ele ou outras atrocidades do gênero.

Em casa tive quatro babás ao longo da minha história com meus filhos. Meu marido e eu (e também meus filhos) somos muito gratos a essas quatro mulheres, que com muito carinho cuidaram da Beatriz e do Gabriel quando estávamos ausentes.

Não sei se tive sorte, se soube escolher, se sou boa patroa, se meus filhos são tranqüilos, se meu marido é bom patrão, ou o que é, mas fui privilegiada de ter essas quatro pessoas me ajudando. Duas delas saíram por motivo nobre, foram se casar, outra para trabalhar num escritório (aliás, sonho de muitas) e, a última, acabei dispensando porque achei que o Gabriel, aos 7 anos, já poderia se virar bem sozinho sem precisar de alguém o tempo todo atrás dele.

Até hoje, mantemos um esquema doméstico que privilegia o contato com nossos filhos. Temos uma pessoa que vem todos os dias mas não dorme em nossa casa. Mas com a grande vantagem de que ela nos espera chegar e, quando precisamos, ela dorme em nossa casa. É um esquema misto, durante o dia ela cuida da casa e, se preciso, à noite, ela é uma espécie de dama de companhia para nossos filhos, já crescidos, mas que ainda não ficam em casa sozinhos.

Sei que não existem regras, cada família se organiza da maneira que melhor lhe parece. Mas, quando me pedem opinião, sou enfática em sugerir um esquema semelhante ao que eu tive. Ter uma babá de confiança como braço direito, mas em nenhum momento deixá-la ocupar o espaço dos pais. Essas horas não voltam mais e depois poderemos nos arrepender.

mãe chega do trabalho, não dar a atenção que a mãe espera e seguir brincando com a babá. A mãe, por um lado, fica feliz porque sente que seu filho está bem com a babá, por outro, fica preocupada com medo de que ela 'roube' seu lugar. Por isso insisto em dizer que a relação mãe-babá tem um equilíbrio difícil de acertar."

Escola: uma aliada fiel

Assunto já bastante comentado, mas nunca esgotado: o quanto os pais transferem responsabilidades para a escola. É evidente que optar por confiar seu bebê de pouco mais de 4 meses a um berçário exige do local e dos profissionais envolvidos um preparo, no mínimo, profissional e responsável. Em outras palavras, as berçaristas estão mesmo formando um vínculo com a criança, para que ela possa se sentir também segura e cuidada longe da mãe. Ninguém, é claro, consegue substituir a mãe. Aqueles cinco minutos de choro na porta da escola são tão comuns quanto a alegria ao rever o rosto materno (ou paterno, ou dos avós) na saída. Se você sabe que a cria está bem cuidada, não há motivo para alarme, o choro passa e o nenê se acostuma. Rotinas bem estabelecidas ajudam demais nessa adaptação dos pequenos à nova vidinha longe de casa. Aliás, a creche ou escolinha torna-se a segunda casa. Crianças pequenas se sentem mais seguras, também, quando têm horário e rotina.

Soube de um menino de 4 anos que perguntava insistentemente quando voltaria à escola, já que a mãe voltara a trabalhar após um período de férias e ele continuava em casa... é claro, se a mamãe sai de manhã para o trabalho, eu saio para a escola — esse era o pensamento lógico dele. E na sua rotina em escola de período integral havia bem mais possibilidades do que ficar em casa com a empregada, vendo TV a maior parte do tempo. Existem as correntes que acreditam que escola o dia todo é extenuante e suga as energias da criança. Mas há mães que optam por este esquema e estão contentes em ver seus filhos estimulados e socializados. Lógico que o contato com mais crianças nos primeiros anos é foco de doenças, mas aos poucos eles vão pegando resistência. "Meu filho chora muito por causa de cólicas e irritação, sei que lá há várias pessoas que podem se revezar com ele no colo, por isso fico mais tranqüila", contou uma mãe paulistana. Outra vantagem é não depender de uma só profissional, a babá pode faltar ou dar o cano, a escola, jamais. A desvantagem é ter hora para buscar, o que em certas metrópoles exige um pouco de malabarismo dos pais (muitas vezes os avós entram em cena nessa hora também, ou o transporte escolar).

Como a divisão de responsabilidades diante dessa nova realidade de mães trabalhadoras ainda é recente, até mesmo as escolas ainda curtem um período de adaptação. Segundo Marina Massi, em *Vida de Mulheres, cotidiano e imaginário*, nos setores médios (classe média e alta, acredito) a escola ainda pressupõe que a mulher não trabalha fora ou trabalha meio período, e tem isso como secundário em sua vida. Em geral, quem dá suporte ou controla as lições de casa é a mãe. Quem se empenha em manter o contato com professores e cuida do desempenho escolar também é ela. Mas em escolas modernas, como o Pueri Domus, onde estudam meus filhos, a parcela de mães que trabalham já atinge de 70 a 80%. Por isso, procura se adaptar à nova rotina das famílias. "A gente não pode exigir que o aluno tenha alguém com ele todos os dias ajudando na pesquisa, por exemplo", aponta Adriana, coordenadora do ensino fundamental. "A questão do horário das reuniões também é complicada, mas a mãe que trabalha encaixa a conversa com os professores na sua agenda e, às vezes, a que não trabalha nem sempre está preocupada em conhecer a pessoa que fica com o filho durante quatro horas e meia todo o dia", observa Beatriz Embacher, professora de 2ª série/ 3º ano do Pueri Domus.

Mesmo nas reuniões escolares marcadas para as 19 horas, horário condizente para quem trabalha, observo a presença maciça de mães e só alguns pais mais dedicados. A proporção é mais ou menos de 5 mães para 1 pai. Ou seja, mesmo que as mulheres estejam no mercado de trabalho, a educação ainda é algo que fica mais nas mãos das mães, como tantas outras tarefas.

"O trabalho não é o mais importante, e sim criarmos pessoas melhores, por isso é preciso comprometimento de nossa parte."

AUTÔNOMA CARIOCA, FILHOS DE 10 A 12 ANOS.

Lógico que a escola é um grande apoio, mas não substitui a educação e o exemplo vindo de casa. A grande crítica de psicólogos e educadores (e eu me incluo entre as leitoras dos artigos e do blog de Rosely Sayão) é que os pais estão transferindo toda a responsabilidade da educação para as escolas e isso prova que têm cada vez menos tempo para se dedicar à paternidade.

"Muitas mães acabam se distanciando do encantamento da maternidade", comenta a educadora Yara Jafet. "Filho é um prazer que exige tempo, disciplina, reflexão, dedicação, trabalho. Tem gente que vê demais o lado da obrigação: eu tenho que levar meu filho, eu tenho... Isso é opcional, é para quem quer, se não

Avós X Babás X Escolas: prós e contras			
	Avó	*Babá*	*Escola*
Pontos positivos	Confiança Afeto	Criança fica no hábitat dela (casa)	Confiança Profissionalismo Socialização
Pontos negativos	Excesso de mimo Permissividade Influência na educação	Falta de confiança Medo Influência na educação	Rotinas rígidas Maior exposição às doenças Horário fixo

gosta não vai! Ser pai e mãe implica responsabilidades e também abrir mão dos prazeres. Todo mundo quer tudo ao mesmo tempo, sem abrir mão de nada. Não é possível", observa Yara.* A dedicação, quando bem focada, deixa claro para a criança que ela tem atenção, carinho e apoio necessários para cumprir bem tanto as tarefas da escola como os desafios do relacionamento com irmãos ou amigos. Pais atentos e firmes têm filhos saudáveis e alegres, quer recompensa melhor?

Boas substitutas em casa

As crianças crescem, a rotina se organiza e de manhã os filhos seguem para a escola e os pais para o trabalho. E quem é que faz aquele papel da dona-de-casa, dispondo de um tempo precioso para que todos tenham comida e roupa lavada e um mínimo de ordem na volta para o lar? Se a mulher contemporânea é devotada ao trabalho e dedicada aos filhos, precisa ter uma retaguar-

* Yara Jafet é médica, educadora e proprietária da escola Pueri Mundi.

Mamãe em adaptação

"A escola de hoje é um espaço de acolhimento, de cuidado. O primeiro momento, ou seja, a entrada do bebê no berçário, requer adaptação da mãe, do pai, da família e da criança. Se eu tivesse que resumir numa frase seria respeito ao bebê. E para isso é preciso que a mãe esteja presente no processo de adaptação do bebê. Falo mãe, pois a mulher geralmente é uma pessoa mais disponível e mais sensível, é mais delicada nas relações humanas. Fica uma semana inteira convivendo com a berçarista, permitindo que a conheça. Porque é preciso conhecer os valores dessa mãe, entender sua angústia e saber que a separação é muito dolorosa. O bebê está num processo de formação do núcleo da afetividade, então precisa ter seus desejos respeitados. Nessa fase, incentivo os pais a contarem para o filho que ele vai para um lugar diferente e que lá irão cuidar dele. O bebê é um ser onipotente: o peito que o alimenta é dele, a música que a mãe canta para ninar é dele. Se no berçário na hora de dormir ele não tiver o lá-lá-lá que a mãe canta, ele pode ficar angustiado, pois esse lá-lá-lá faz parte dele. Então é imprescindível a mãe contar suas rotinas para que o berçário garanta sua continuidade. Claro que isso gera angústia e medo. Mas, a partir do momento em que percebe que pode confiar seu filho àquelas pessoas, elas encontram excelentes parceiras."

YARA JAFET, MÉDICA E EDUCADORA

da em casa. E essa lacuna, especialmente nas classes A e B, é preenchida por outras mulheres. Graça à terceirização do trabalho feminino de cuidar do lar, as brasileiras conseguiram avançar no mundo corporativo. Segundo a Fundação Carlos Chagas, o aumento absoluto de empregadas domésticas foi de quase 200% entre 1970 e 1997, de 1,7 milhão para 4,9 milhões de trabalhadoras. Esse crescimento é o dobro do aumento da popula-

"Ninguém disse que a dupla jornada seria fácil, mas torne possível!"

ASSALARIADA PAULISTA, FILHOS DE 3 A 6 ANOS.

ção no período. As empregadas são facilitadoras da ascensão profissional da mulher de classe alta.* Isso sem prejudicar a carreira do marido. Esse benefício (para umas e outras, já que é bom para empregada e empregadora) não é usual em países do primeiro mundo. Nos EUA, entre as cinco executivas mais influentes do país, quatro têm maridos que não trabalham fora — simplesmente porque alguém precisa cuidar da casa e/ou das crianças!

Em recente entrevista concedida à revista *Época Negócios* de março de 2007, a executiva Silvia Lagnado, a única brasileira na lista das 50 executivas mais poderosas do mundo, confirma a teoria de uma boa retaguarda dos maridos. Seu marido, no final da entrevista, fez questão de deixar registrada sua mensagem: "Pode escrever que atrás de toda grande mulher há um grande homem."

Na Europa a terceirização de serviços (tanto faxineira quanto babá, empregadas são raríssimas) é um luxo, pois tem preço proibitivo.

Merecedoras de todo o respeito profissional, as "domésticas" — essas mulheres trabalhadoras do Brasil — ajudam a todas nós. Assumindo o trabalho pesado, deixam espaço para que a gente se dedique à carreira, conseguindo ao mesmo tempo realização pessoal e independência financeira. Foram as nossas necessidades que moldaram esta sociedade dos dias de hoje, e isso é uma

* Revista *Exame*, 24/1/2001, "Até onde chegam as mulheres?".

prova de que as mulheres, quando perseguem seus ideais, conseguem o que querem. Nem que para isso precisem reunir toda a ajuda possível (avós, maridos, babás, escola, empregada) e tenham que enfrentar seus próprios medos, limitações e a culpa de não poder cuidar de tudo — pois, convenhamos, seria coisa demais!

CAPÍTULO 3

Pai ao Lado

Ajuda, colaboração, divisão.
Qual a participação dos maridos
na rotina doméstica e na educação
dos filhos? Para elas, que dedicam
muitas horas a mais do que eles a
esses afazeres, a nota de seus
companheiros anda em baixa.
Já os homens admiram a esposa
que agarra a dupla missão e ainda
dá conta de cuidar da casa e da família.
O andamento da rotina sem essa
mulher, se não impossível,
fica bem mais difícil.

Este desenho, elaborado em poucos minutos, é obra de um pai participante de um grupo de pesquisa. Para o desfecho da conversa, o moderador (no caso, propositadamente um homem) pediu a todos os presentes para retratarem sua mulher com um esboço e depois explicá-lo. Diante desse objeto tão masculino e valorizado pelos homens, esse pai conseguiu cativar: "A roda é o que há de mais importante no carro e minha esposa é a mais importante da família. E está em movimento, se parar numa pedra, se o pneu furar, o carro não anda. A roda foi uma invenção que gerou outras coisas significativas para a humanidade." Dessa explicação direta podemos perceber pelo menos três elementos interessantes: a importância da mulher enquanto mãe e esposa; seu movimento, indispensável para impulsionar a rotina e manter a sanidade familiar; e sua capacidade criadora, que abre inúmeras possibilidades a partir dessa sua energia. E viva a roda!

O casal contemporâneo vive seu descompasso. Se a mulher tem queixas por estar fazendo demais e diz que o marido não ajuda o suficiente, para ele as tarefas que cumpre em casa estão de bom tamanho. Quem sabe todos têm razão e isso tudo não passa de uma questão de perspectiva. Entender os comportamentos e as razões de um e de outro é um tremendo desafio, ainda mais considerando o período de transição em que vivemos. Até pelas conversas do grupo de pesquisa com maridos (de mulheres que trabalham e têm filhos, organizado em março de 2007), deu para perceber o quanto a realidade é nova, mas as convicções ainda são antigas.

Numa aparente contradição, o mesmo pai que ajudava a passar roupa, lavar louça e se esforçava para pegar uma das filhas na faculdade todas as noites, teorizava: "Elas não reclamam (do trabalho em casa) porque sabem que é função da mulher, minhas filhas adolescentes vão se acostumando a aceitar isso na vida futura delas: já sabem cozinhar, arrumar a roupa..." Outro pai observa: "A brincadeira de menina é boneca, parece que ela vai treinando isso, o garoto não. Já fica claro na cabeça da mulher que ela tem essa capacidade." A frase fica no ar, pois faltou questionar se os meninos também têm essa capacidade, só que ela não é estimulada desde cedo. Por isso fica mais difícil aceitar quando é preciso colaborar mais ativamente em casa, geralmente depois que chega o primeiro filho.

Colaborar e ajudar, tudo bem. Colocar a mão na massa, realmente, é virtude de poucos. Sim, porque a rotina da casa ainda sobra demais para a mulher, mesmo depois da entrada com força total no mercado de trabalho. Segundo a Síntese de Indicadores Sociais do IBGE*, mulheres que trabalham fora dedicam 4 horas e 24 minutos por dia aos afazeres domésticos, enquanto homens só gastam 2 horas com essa atividade. Em 2004, 35,4 milhões de mulheres estavam ocupadas, dessas, 32,3 milhões também se dedicavam aos serviços domésticos. A pesquisa também mensurou: 91,3% das brasileiras que trabalham fora dedicam em média 22 horas por semana aos afazeres domésticos. Não é pouco, considerando que a jornada semanal de trabalho costuma ser de 40 horas. Está lançado um novo desafio: o de mudar a cabeça — ou melhor ainda, a rotina — dos homens.

Em dois momentos, no grupo de pesquisa com os maridos, o moderador pediu para pensarem um pouco e preencherem um papel com notas para diferentes quesitos. Deviam fazer isso em uma espécie de auto-avaliação e depois avaliando as esposas nos mesmos quesitos.

Notas para si		***Notas para elas***	
Pai	9,3	Mãe	9,6
Profissional	9,7	Profissional	8,5
Dono-de-casa	7,5	Dona-de-casa	9,8
Marido	8,8	Esposa	9,8

Nessa auto-avaliação, os homens reconhecem que ainda estão devendo nos afazeres domésticos. Atribuem 7,5 a eles como donos-de-casa. E, em oposição, julgam-se mais favoravelmente como profissionais, atribuindo nota 9,7, quase atingindo a perfeição nessa modalidade.

---

* Com base de dados na Pnad (Pesquisa Nacional por Amostra de Domicílios) de 2004.

Por outro lado, reconhecem uma superioridade feminina em quase todos os setores, com exceção do desempenho profissional. Ou seja, eles vêem suas mulheres como melhores do que eles no papel de mães (comparativamente a eles como pais), de donas-de-casa e como esposas. Pode-se dizer que as mulheres ganham notas boas naqueles papéis que sempre foram atribuições femininas, concentradas na esfera do doméstico. Já no tradicional campo masculino do trabalho, homens ainda avaliam a mulher como inferiores a eles (9,7 para os homens contra 8,5 para elas). Nesse território, na visão masculina, ainda reinam os homens.

A mulher é a responsável pelo bom andamento e o funcionamento da rotina familiar. Tudo gira em torno dela: mesmo trabalhando fora, continua controlando à distância — pelo telefone — a empregada, os filhos e a casa. Marina Massi, autora de *Vida de Mulheres, cotidiano e imaginário*, acha que as mulheres latino-americanas ganharam mais espaço e conseguiram mais vitórias na ordem do público do que na vida privada. "A discussão sobre as divisões e organizações do trabalho doméstico ainda é incipiente, permanece quase intocável nos domínios femininos. E isso, de certa maneira, reflete-se também na vida profissional da mulher, porque se trata de uma sociedade organizada no trabalho masculino, não respeitando horários ou criando condições para que o trabalho doméstico seja simétrico e solidário", discorre, num trecho do livro.

Os arraigados comportamentos femininos mudam lentamente e à custa de muita terapia. Aos poucos as mulheres vão dando um basta. Outro dia, o marido de uma amiga minha ligou para ela no final do expediente (ela ainda ficaria até tarde no trabalho).

"Não tem pão", disse ele. "É, não tem", foi a resposta, como de quem diz: "É, já que você está em casa, então saia para comprar, ou então vamos passar sem pão mesmo." Ninguém vai morrer por isso, certo? Essa designer, que trabalha numa renomada editora, costuma deixar cardápios presos à geladeira, administra empregada e babá à distância e deixa dinheiro para elas comprarem o que falta. Não iria ser por um pão que perderia a compostura ou se julgaria culpada. Aproveitou para passar ao marido a mensagem de que ele também poderia tomar uma atitude em relação ao assunto.

"Homem só se toca quando a mulher dá 'piti'!"

ASSALARIADA PAULISTA, FILHOS DE 1 A 3 ANOS.

Um artigo do Suplemento Feminino do jornal *O Estado de São Paulo*, intitulado "Mulher Maravilha", diz que na Pesquisa sobre Padrões de Vida (1999), do IBGE, 79% das mulheres entrevistadas dedicavam-se aos afazeres domésticos, enquanto os homens eram apenas 29%. Elas consumiam 61 horas semanais com trabalho remunerado e tarefas domésticas e eles, em média, 46 horas por semana. O mais interessante, no entanto, é o comentário da reportagem: "curiosamente, durante enquête realizada na rua para saber a opinião deles sobre o assunto, foi raro encontrar quem não ajudasse suas companheiras no serviço doméstico". Isso mostra que eles têm a falsa impressão de que estão fazendo trabalho doméstico, ou não conseguem admitir publicamente que não dividem essas tarefas pouco valorizadas, mas supernecessárias. Tenho uma teoria: eles não sabem o quanto é satisfatório ou não, pois nós temos preguiça de ficar cobrando o tempo todo. O caso é que na cultura brasileira não existem aquelas tabelas semanais de '*chores*' (ou afazeres) americanas ou européias que estabelecem quem da família é responsável por cozinhar, lavar a louça, varrer a casa, colocar o lixo lá fora... em cada dia da semana. Que pena! Na nossa cultura os homens entendem que uma empregada ou babá dão conta do recado. E com quem fica a organização da casa, a lista do supermercado, o pediatra das crianças? Sempre vai sobrar uma tabela inteirinha para ser preenchida. Se fizéssemos esse exercício, veríamos que o nome da mulher aparece na maioria das lacunas.

São poucas as mulheres que conseguem viver essa nova mentalidade apregoada — a de delegar mais aos homens. Sylvia Mello Silva Baptista, no livro *Maternidade & Profissão, oportunidades de desenvolvimento*, a certo ponto discute se as mulheres estariam dispostas a perder o poder em casa, como seres centralizadores que são, para repensar papéis e tarefas socialmente demarcados. "A mulher parece estar mais ligada a uma pluralidade de papéis e sofre as múltiplas interferências que aí se dão. O homem naturalmente delega à mulher a responsabilidade da casa e dos filhos e a mulher naturalmente aceita esse encargo." Segundo ela, a mulher não se livrou do trabalho doméstico ao dirigir-se ao mercado de trabalho, e sim adaptou-o ao seu novo cotidiano. "Para que haja uma alteração efetiva e profunda na relação da mulher com seu lar e seu cônjuge, é necessário mais do que uma atuação, uma saída ao trabalho fora. É preciso uma disponibilidade interna e um grande empenho, fato que não é tão freqüente quanto gostaríamos", elabora, em sua análise, publicada em 1995, mas ainda extremamente atual. Sua voz ganha eco e se re-

"Marido faz, mas se não der certo, tudo bem. Se a mulher fizer, tem que dar certo."

"Minha mulher fica ligando para ver se estou fazendo certo. Fala: você já está aí?"

PAIS PAULISTAS.

força neste comentário de um pai paulista, participante de grupo de pesquisa: “A mulher não reclama porque o marido colabora. Mas a maioria das funções ela já pegou para si.” Mesmo que interiorizando essa responsabilidade, a mãe-profissional não consegue se livrar das atribuições de dona-de-casa e tutora dos filhos e aí carrega o piano nas costas.

“Aprendi o valor de uma mulher em casa quando meu segundo filho nasceu e eu tirei férias. Percebi a dificuldade que era: acordar de manhã, preparar café, arrumar tudo, quando vi, já era meio-dia, precisava preparar o almoço. É difícil mesmo, minha mulher é um super-homem! Ela faz coisas que eu não iria suportar na minha rotina diária.” Essa declaração de um pai durante o grupo de pesquisa mostra que muitas vezes o trabalho de casa parece invisível, principalmente a quem não está ali para presenciá-lo. Cabe à mulher tornar esse trabalho doméstico cada vez mais visível e assim conscientizar o marido e os filhos, principalmente os homens. Respiro fundo e arrisco a gritar: Mães (e pais) de meninos, percebam sua grande missão e tentem desentortar os pepinos enquanto eles são pequenos! Os papéis estereotipados a gente só vai mudar se começar dentro de casa. Um pai que troca a fralda e dá mamadeira com naturalidade já está dando um bom exemplo às futuras gerações.

"Tem muita mulher que reclama que não divide as funções da criação dos filhos e do cuidado da casa, na verdade não quer deixá-las. Acaba se sobrecarregando e acumulando funções, mas não consegue delegar. É uma falsa queixa."

VERA MALUF, PSICÓLOGA.

Marido do futuro

Será que existe uma projeção, uma fantasia, em relação ao que as mulheres consideram um marido ideal? É óbvio que assim ela vira lenda, um ser inexistente que povoa o imaginário feminino e atrapalha, ah, como atrapalha, a vida dos maridos de carne e osso. O fato é que não só na pesquisa quantitativa e nos grupos de pesquisa qualitativa, mas também em conversas informais, percebo que o conceito dos maridos anda muito baixo. As mulheres estão mais exigentes? Sim. Eles não estão se esforçando o suficiente? Sim, também. É claro que se eu saio para o mercado de trabalho, me dou bem, trago dinheiro e reconhecimento para casa, também quero a contrapartida masculina. O parceiro também deve colocar a mão na massa na criação e no dia-a-dia dos filhos. Dividir, revezar, compartilhar — momentos bons e ruins — é a essência de toda parceria, ou não?

Maridos que realmente se dedicam são raros. Essa observação vem da terapeuta familiar Magdalena Ramos. "A divisão de tarefas ainda é muito torta, quando o homem colabora na casa, sente que está ajudando sua mulher, e, se bobear, ainda quer ser paparicado e reconhecido por sua contribuição", discorre ela. "Não tomou ainda consciência de que tem que dividir as responsabilidades da casa e dos filhos de forma conjunta, assim como ela divide o orçamento familiar. O deturpado é o conceito: ele acha que ajuda e não que tem a obrigação de dividir", explica Magdalena.

Pois até agora, mesmo com a sobrecarga nos sarados ombros das mulheres, o homem ainda não acordou (não o chacoalhamos direito!) e ainda faz uma participação nas tarefas de casa e na criação dos filhos. No livro *Maternidade & Profissão, oportunidades de desenvolvimento*, Sylvia Mello Silva Baptista conta que freqüentemente o sacrifício toma ares de favor e tem seu preço. Quando o filho está doente, a empregada falta, ou a babá, as avós ou vizinha, é a mãe que assume as responsabilidades para que a estrutura doméstica não desmonte. Dificilmente o pai larga do trabalho por algum desacerto na rotina familiar.

Reunião de pais

Um bom exemplo do envolvimento dos maridos é o que eu vivi um dia pela manhã: estive em uma reunião da escola, convocada por um grupo de pais. No total, eram 7 pessoas, 6 mães e 1 pai. Com exceção de uma das mães, as demais trabalhavam (dentista, gerente de banco, publicitária, arquiteta, empresária...). Mesmo assim, estavam lá, às 8 horas da manhã. Onde estavam os demais pais? Trabalhando, provavelmente. Mães adiam reuniões profissionais para estar presentes à reunião da escola, poucos pais fazem isso. Não está no topo do job description dos pais participar de reuniões da escola. É missão de mãe, trabalhando ou não fora. O número da pesquisa confirma isso: nas reuniões de escola, 75% das mães declaram ir contra 6% dos pais. "É instigante notar que quando o pai participa da reunião os questionamentos são completamente diferentes, pois o homem vê mais o lado prático, operacional, objetivo. Já a mãe enxerga mais o emocional", aponta Beatriz Embacher, professora do ensino fundamental da Escola Pueri Domus.

Uma observação interessante salta aos olhos no livro de Marina Massi, *Vida de Mulheres, cotidiano e imaginário*. Em certo ponto ela discute a questão público x privado. Observa que os homens têm menos capacidade de gerenciar o seu cotidiano na esfera do privado — no geral, dependem de uma mulher (mãe, esposa, empregada) para resolver para ele. E que a mulher precisa de um homem para gerenciar sua vida na ordem do público, ou seja, em termos financeiros. Esses papéis assimilados limitam o potencial de ambos. O homem é socializado para ser dependente no privado e independente no público, ao passo que a mulher o é exatamente no sentido oposto.

Se tudo caminhar na direção certa, espero que essa análise profunda não corresponda mais à realidade nas próximas gerações. Mas nossa atitude colabora para que essa transição não seja fácil. Também segundo Marina, os atributos femininos como passividade, tolerância, flexibilidade, emotividade e receptividade fazem com que a mulher aceite ser mais cobrada pelo homem do que exige dele uma real cooperação na relação afetiva e na vida familiar e doméstica.

> *"Seria preciso que os homens tivessem um dia de mulher para nos entenderem."*
>
> AUTÔNOMA PAULISTA, FILHOS DE 1 A 3 ANOS.

Como manda a boa educação, as meninas são ensinadas desde cedo a oferecer ajuda, colo e carinho, a serem prestativas e altruístas. Os meninos, nem sempre. Seja por mimo de mães, empregadas e babás, ou, quem sabe, por sua própria natureza, preferem seguir a lei do menor esforço. Raramente o marido entende que você precisa de ajuda, a não ser que você, literalmente, peça. A idéia fica bem clara nesta declaração revelada no grupo de pesquisa com mulheres que trabalham e têm filhos de 1 a 3 anos. "Na época da licença fazia muito frio e meu marido não se levantou à noite nem uma vez, nem para colocar o cobertor nas minhas costas. Ele falou que eu tinha que pedir, porque como eu não falei nada, ele achou que eu estava dando conta."

A psicóloga Magdalena Ramos defende que a relação dos homens com os filhos nunca será igual à das mulheres com sua cria. "A mulher se descabela porque deixou o filho em casa 8 horas com a empregada. O marido fala: E o que é que tem? O que uma mulher sente por um filho é totalmente diferente do que o homem sente, estou absolutamente convencida disso." Mas ela também comenta que o homem começou a ter prazer com os filhos, pois a mulher começou a ceder espaço. Antes o homem 'acompanhava' o desejo da mulher de ter filhos. Nos dias atuais muitos homens querem ter filhos. "Isso tudo é embrionário", completa Magdalena.

Mas existem casais em que ambos trabalham muito, e optaram por dedicar o tempo que resta inteiramente às crianças. Isso tem um ponto positivo: a criança passa mais tempo com o pai e com a mãe. O envolvimento maior do pai também o faz sentir falta do contato com os filhos e isso vira um círculo virtuoso. A mãe perdeu horas de convívio nas últimas décadas e o pai, invariavelmente, precisou ceder horas do seu tempo para eles. E nem por isso se arrependeu — está curtindo cada vez mais as crias. Não dá para dizer, diante desse quadro, que a mãe perde e o pai ganha, mas, dentro dessa nova dinâmica, a família sai vencedora.

Depois de termos tirado das costas dos maridos a obrigação de serem os únicos provedores dentro de casa, nem eles vão querer retomar a antiga realidade. Uma pesquisa da Ipsos Brasil, feita em nove centros urbanos, mostrou que apenas 30% dos homens brasileiros ainda acham que as mulheres não devem trabalhar fora. Mas raros mesmo são os que dão um tempo na carreira para se dedicar a cuidar da família. Foi o caso de um gerente de marketing de uma empresa de tecnologia, casado com uma bem-sucedida editora de revista, grávida de nove meses do segundo filho e com um emprego estável. Se quisesse segurar seu cargo, ele deveria viajar muito (ficar longe de casa) e batalhar metas pouco realistas. Preferiu ser demitido para acompanhar a licença-maternidade dela, dando todo suporte emocional e atenção ao filho mais velho e assumindo várias responsabilidades na casa. Quando terminou a licença, começou a busca pela recolocação no mercado, que logo veio. Mas aqueles seis meses viraram uma gostosa recordação. E o casal nunca se arrependeu do trato feito à época.

"Eu tenho consciência que a agenda dela é radical!"

PAI PAULISTA.

Feliz o pai que não tem mais aquela imagem só de provedor, que sai para trabalhar atrás do sustento, viaja muito e quando chega em casa, cansado, quer sossego. Essa falta consentida do pai ainda é realidade em muitos lares, mas já me parece ter poeira, mofo. É uma dinâmica que alguns desejam perpetuar? Com certeza, não as mulheres. Hoje ambos os pais trabalham, viajam, estão cansados na mesma medida e dividem a lida igualmente.

Se a sinergia do casal é intensa, a vida transcorre com poucos sobressaltos. Alguns maridos dão até uma força extra quando percebem que a hora de investir na carreira é dela. Foi o caso do jogador de handebol Alexandre Folhas, casado com a titular da seleção de vôlei Paula Pequeno. Quando descobriu que estava grávida, fez as contas: no prazo de um ano e pouco precisava cumprir a gestação, ter o bebê e logo voltar à forma para encarar o Mundial de vôlei. Menos de três meses após dar à luz, foi convocada. Para que tudo desse certo, o marido montou seu escritório de marketing esportivo dentro de casa e passou a cuidar da filha do casal, de quatro meses. A mãe, nos treinos em Saquarema (RJ), passou semanas longe da filha — um ensaio psicológico para o mundial, quando realmente fica distante da família. Ao mesmo tempo que Alexandre suporta e celebra a carreira dela, ele é visto pela mulher como um paizão. Independentemente do resultado do mundial, taí um exemplo de família vencedora!

Como nesta carta (veja na página seguinte), o sentimento de orgulho e admiração também predominou no grupo de pesquisa que reuniu os maridos dessas mães profissionais. Interessante que nenhum deles admitiu que a mulher poderia estar sobrecarregada, mas comentaram que ela estaria acostumada à dupla jornada, como se o acúmulo de tarefas fizesse mesmo parte do pacote. Dá até para desconfiar que as mulheres é que disfarçam bem sobre o tranco que agüentam, talvez para poupar seus maridos que, ali na pesquisa, declaravam trabalhar de 10 a 12 horas por dia.

"A última palavra que eu falaria para minha mulher é 'você não faz nada'. Ela tem uma rotina que eu não agüentaria por dois dias", confessou um dos maridos. Outro se espantou porque ela consertou o chuveiro, sendo que ele chamaria o faz-tudo, com certeza! "Minha mulher pintou a casa toda com rolinho, e pediu os 2 mil reais que eu ia dar para o pintor. E eu fiquei procurando uma falha, olhava, olhava e não via nada. Eu me senti orgulhoso e ao mesmo tempo mal, pois nem sabia que minha

A MINHA MULHER

Um dos meus filhos, o de 9 anos, perguntou: "Pai, você entendeu tudo o que a mamãe explicou?" Ele estava se referindo ao criterioso roteiro de tarefas que eu deveria executar para cobrir a ausência dela, nos três dias em que ela viajaria a trabalho.

Talvez meu rosto tenha me traído e ele viu em mim um profundo e indisfarçável sentimento de insegurança. É como se ele tivesse ouvido minha voz interna que me avisava: "Acho que você não vai conseguir." Mas o que eu disse a ele foi outra coisa. Algo como: "Fique tranqüilo porque o papai vai dar conta de tudo."

É lógico que era mentira! Ao levá-lo ao tênis, esqueci-me da raquete. Da escola me ligaram perguntando se ele poderia comprar algo na lanchonete porque a lancheira ficara em casa. Minha filha, alguns anos mais velha, dormiu sem colocar o aparelho e eu nem percebi. E assim por diante.

Resumo da ópera: do roteiro de tarefas, eu consegui realizar uns 50%, meu recorde. Foi então que entendi, de forma cristalina, a pergunta que ele havia feito. Ele tinha na cabeça duas certezas. Primeira: eu não seria capaz de reproduzir a eficácia da minha esposa, no papel de um bom estepe. Segunda: ela, caso não tivesse viajado, nem de longe precisaria de um roteiro. Seu fantástico "software" interno opera remotamente.

É dessa mulher que quero falar e não do meu filho. Ele foi apenas o espelho que tornou evidente algo que muitas vezes não gosto de admitir em relação a ela: a sua capacidade múltipla de articulação das várias dimensões, desafios e tarefas da vida. O que me inquieta não é ver essa mulher maravilhosa "equilibrando tantos pratinhos". O que me inquieta é saber que eu faço parte de um grupo de pessoas que não serão capazes de fazer a mesma coisa tão cedo: o grupo formado por quase todos os homens. Eu sei que o preço, em energia e stress, para fazer tudo o que ela faz é alto. Mas sei também que é uma fonte de poder e muito menos um sacrifício.

Minha mãe cantarolava uma antiga música de Carnaval que dizia o seguinte: "Todo mundo diz que sofre, sofre, sofre nesta vida, mas a mulher do leiteiro sofre mais. Ela passa, lava e cose, controla a freguesia e ainda lava garrafa vazia." Muitas décadas se passaram desde que Haroldo Lobo e Milton de Oliveira compuseram essa marchinha que Aracy de Almeida lançou no Carnaval de 1942. Não há mais leiteiros, nem há mais garrafas de leite e muito menos freguesia de leiteria. Mas essa invejável e performática "esposa do leiteiro" renasce em cada mulher que tem filhos, que trabalha, que cultiva seu corpo, que alimenta a sexualidade e o carinho em seu casamento. Como a minha mulher.

O que me inquieta é ver essa maravilhosa plenitude feminina, que não conseguirei exercer nunca. O que me inquieta é saber o quanto nós, homens, temos apenas uma pálida consciência de nossa inaptidão funcional para compor as múltiplas tarefas pelas quais elas navegam com absoluta naturalidade. Impossível não viver um sentimento misto de inveja e de orgulho. Nós não conseguiremos tão cedo fazer bem tudo o que elas fazem quase que ao mesmo tempo, como se estivessem no palco do Cirque du Soleil. Confesso: essa é a face nua e crua da minha inveja. Mas ela é a minha mulher. E alguma coisa de bom eu devo ter para que ela viva na minha vida. E por isso, eu tenho certeza também de que meu filho é capaz de ver em meu rosto o indisfarçável sentimento de orgulho.

CARTA DE UM PAI CARIOCA, 2 FILHOS ENTRE 7 E 10 ANOS.

mulher tinha esse dom. Ficou com os braços doendo por uma semana inteira, mas fez", foi o caso que um terceiro relatou.

A necessidade de repartir as tarefas da casa é cada vez mais consciente, tanto que alguns até lembraram de casais que se separaram porque o marido resistia em ajudar na rotina doméstica. Outros demonstraram mais envolvimento com os filhos nas horas de lazer — o serviço pesado de cuidado e de educação, como já analisado antes, ainda é papel dela.

"Minha mulher é super, é homem e mulher ao mesmo tempo!"

PAI MINEIRO.

Mas o ponto alto — e mais emocionante — desse grupo de pesquisa foi o fechamento. O mediador pediu que cada um enviasse um recado à sua mulher. "Parabéns. Continue assim com essa desenvoltura realizando tantas tarefas!" "Obrigado!" "Quero expressar meu agradecimento e reconhecimento total." "Diria que eu a amo muito, e que estou lutando para ser 100% como ela é, para ter a habilidade de cumprir tarefas igual a ela." "Eu diria: case comigo outra vez!"

Uma coisa é certa, se queríamos o reconhecimento masculino, esse já temos. Essas esposas são idolatradas por cumprirem tão bem essa dupla missão, pena que elas não estavam ali para ouvir essas declarações. Ao mesmo tempo, fico contente em divulgá-las para um número bem maior de mulheres. Assim todas podem se sentir, de certa forma, recompensadas.

"Assim como a água é vital para a existência, minha mulher é vital em casa. Se faltar, as coisas irão muito mal. A cachoeira é para mostrar um fluxo contínuo, que está alimentando tudo e orientando a direção a seguir. Eu sou uma árvore e meu filho também. Estamos participando, vendo a água passar."

Esse pai do grupo de pesquisa também dá uma dimensão extraordinária a sua esposa. Ela é essencial, indispensável, nunca fica parada, dá o rumo e ainda alimenta a todos. Por causa dela, as árvores (marido e filho) estão bem-cuidadas.

CAPÍTULO 4

Coração Dividido

Determinada a vencer na carreira e a buscar realização pessoal ou ao menos dedicar-se a um trabalho que traga conforto material para a família, a mãe já sai de casa pensando nas horas roubadas da convivência com o filho. E nesse momento floresce a culpa, essa fiel companheira.

"Quero mostrar minha vida totalmente dividida entre família e serviço. E fiz a mãe com as mãos atadas, sem saber muito qual direção tomar."

Ela se retratou sorrindo! Talvez esse seja o único alívio ao observar o desenho dessa paulista com um filho de 1 a 3 anos, que participou de um grupo na pesquisa qualitativa realizada com mães em março e abril de 2006. Estampados numa folha de papel, figuram ao mesmo tempo a realidade da rotina dessa mulher mãe e profissional, a forma como se sente nessa posição (de mãos atadas) e também a sua maior angústia (qual o caminho a seguir, afinal!). Uma coisa é certa: a linha que a divide em dois é muito mais do que um traço. Representa os questionamentos em relação ao tempo dedicado à maternidade e ao trabalho e as difíceis escolhas que precisa fazer. Nesse quadro, e no de qualquer mãe profissional, sobressai a culpa: personagem principal das próximas páginas.

Nas conversas que tenho com outras mães que trabalham fora, um dos temas que mais gosto de entender, mesmo sem perguntar diretamente, é como elas lidam com a culpa da ausência. Fico tentando ver se elas também sentem a culpa que eu sinto. Não que a minha seja insuportável, mas ela persiste, embora meus filhos nem sejam pequenos.

"No trabalho, você pensa nas crianças que deixou em casa. Em casa, pensa no trabalho que deixou inacabado."

GOLDA MEIR,
EX-PRIMEIRA-MINISTRA DE ISRAEL.

Nessas minhas observações e também nas entrevistas que fiz com as mães e alguns profissionais que lidam com elas diariamente, tive um grande *insight*. A culpa das mães que fazem seu próprio horário, a exemplo das empresárias ou profissionais liberais, tende a ser maior do que a culpa das mães que trabalham em empresas, como assalariadas. Parece um contrassenso, mas não é. Mães que têm maior autonomia sobre seu horário são responsáveis pelas escolhas que fazem. Decidem quanto tempo trabalham, de que forma, quando param, se emendam ou não um feriado. O controle da situação está nas mãos delas.

Minha vida profissional é um pouco assim. Eu defino, na medida do possível, a que horas chego e a que horas saio do escritório, claro, dentro de limites que não ferem a minha equipe nem a minha produtividade. Eu tenho o controle e a responsabilidade de administrar meus horários. Se não estou com meus filhos, de alguma forma, fui eu quem decidi isso. Mães autônomas ou profissionais liberais optam por estar ou não estar com os filhos. Essa autonomia da decisão cobra um preço, o preço de uma culpa mais elevada. À medida que essas mães têm nas mãos a decisão e o controle, a cobrança sobre si é muito maior.

Por outro lado, no caso das assalariadas, na maioria das vezes elas são reféns dos horários estipulados pela empresa ou pelo chefe. O limite e o controle são determinados por outros. Cabe a elas apenas respeitar mais ou menos, dentro das regras de cada empresa. Mas a definição já foi feita e tomada pelo "outro". Ela não é ativa na decisão, ao contrário, é passiva. A culpa fica mais controlada exatamente por essa razão: sua menor presença junto aos filhos foi determinada pela empresa, não foi uma escolha dela.

"A culpa, maior ou menor, é inerente à própria situação."

MAGDALENA RAMOS, PSICÓLOGA.

No caso da licença-maternidade, como está amparada por lei, a assalariada costuma aproveitar todo o período a que tem direito. Já quem é autônoma ou profissional liberal depende diretamente de seus clientes, o que acaba até mesmo gerando a necessidade de encurtar a licença para não perdê-los. Não quero defender que o trabalho assalariado seja melhor para as mães, mesmo porque o considero, na maioria dos casos, muito mais sacrificante. Cumprir horários predefinidos, pouca autonomia, o risco da demissão são algumas das desvantagens das profissionais assalariadas. Mas, na questão culpa, as assalariadas levam alguma vantagem. Ao desvendar isso, fiquei até mais sossegada e pude compreender plenamente a minha culpa, e, de certa forma, até a descarregá-la um pouco mais.

Auto-infligida, muitas vezes, a culpa acaba se tornando do tamanho que a deixamos tomar. Esse sentimento estranho, negativo e onipresente se espalha feito água — difícil de conter. "Não tenho tanta culpa porque eu saio para lugares por motivos justificáveis, não estou saindo para me divertir. Talvez não

O termômetro da culpa

E qual é a intensidade da culpa de cada uma? Na pesquisa quantitativa, apresentamos às mulheres um "termômetro da culpa", que mostrava uma escala de 1 a 10 pontos, sendo 10 o grau máximo. A média alcançada foi de 7 pontos. Se dividirmos 10 em quartis, essa média estaria no terceiro quartil — não chega a ser uma culpa insuportável, mas é bem significativa. E surgiu um dado interessante: não há diferença na intensidade desse sentimento entre mães de um e mães de dois filhos ou mais.

Como era de se esperar, a culpa é ligeiramente maior nas mães que têm filhos de até 6 anos e menor nas com crianças com mais de 7 anos. Ou seja, elas não se sentem tão mal por estar ausentes quando têm filhos maiores: ficavam mais arrasadas quando eles eram pequenos!

Por outro lado, na minha experiência, quanto mais a criança verbaliza e expressa a falta que diz sentir da mãe, mais a culpa pode crescer. Não há coisa mais difícil do que sair de casa com o filho na porta insistindo para você ficar!

"Achava que quando os filhos ficassem um pouco maiores seria mais tranqüilo. Descobri que não é. Basta ser mãe para ter culpa, vem no kit."

Fátima Bernardes, editora e âncora do Jornal Nacional, mãe dos trigêmeos Beatriz, Laura e Vinícius.*

* Em entrevista à revista *Viva São Paulo*, de maio de 2006.

gere culpa por isso. Tem uma razão de ser, não é uma festa, nada disso." Esse depoimento, de uma participante do grupo de mães que não trabalham, com filhos até 2 anos, revela um conceito absurdo: a mãe deve se sentir culpada quando sai para se divertir. Ou então, a mãe deve ficar o máximo possível com o filho, abdicando até da própria diversão para cumprir essa promessa. Pois um cinema ou um jantar a dois são atitudes muito saudáveis e a integridade psicológica de qualquer mulher depende de muitos fatores — e o direito à diversão, com certeza, é um deles!

Só a ausência gera presença

Se a grande culpa é partilhar da vida dos filhos menos do que se gostaria, o contrário — ficar em cima deles o tempo todo — também parece ser nocivo. Aprendi com o pediatra da nossa família, o Dr. Leonardo Posternak, que a relação com o filho deve ser permeada por períodos de ausência e presença. Tão importante quanto estar com os filhos é também não estar com eles o tempo todo. Tanto a valorização do tempo passado junto quanto o querer um ao outro se intensificam. Você sente desejo de estar com o filho — porque não está naquele momento — e ele vai continuar querendo que você volte! Essa constatação, aparentemente simples, já pode ser suficiente para deixar muitas mães aliviadas. Eu mesma senti um enorme alívio ao ouvir essa frase.

> *"A falta de mãe é perigosa e o excesso de mãe intoxica."*
>
> DR. LEONARDO POSTERNAK

O que conta mais é a qualidade do contato com a criança do que a quantidade de horas que ficamos com eles. Essa frase, célebre principalmente a partir dos anos 90, foi apresentada às mães que responderam à pesquisa e obteve 80% de concordância (só ficou atrás de "minha maior alegria é ser mãe", com 92%). Concordar com esse conceito pode expressar duas coisas. Traduz um sentimento genuíno: o COMO ficar com a criança tem mais peso do que o QUANTO se está com ela. Ou seja, o que tem mais valor é a qualidade da relação mãe e filho e não a aritmética das horas. Por outro lado, pode também ser uma explicação racional para as mães se sentirem emocionalmente tranqüilas. Já que eu não tenho todo o tempo para os filhos e acredito no valor supremo da qualidade, consigo aí uma teoria que defende as minhas ações. A mãe se sente amparada por isso e se exime da culpa ou, pelo menos, de parte dela. A procuradora mineira Célia nunca deixou de trabalhar, mesmo com quatro filhos. "A solução é deixar o pau quebrando e ir para o escritório", diz ela. "Se der para deixar a culpa em casa, melhor ainda."*

"Acho importante saber que o filho não é da gente, mas do mundo, e que ficar grudada nele como durex não vai fazer dele um ser humano melhor. Sinto felicidade por tê-lo e acredito na liberdade para ambos!"

ASSALARIADA CARIOCA, FILHOS DE 3 A 6 ANOS.

Os pediatras defendem que a quantidade na relação mãe e filho importa, sim, e que o primeiro ano de vida da criança é fundamental. Antes dos 3 anos, quando se firma a linguagem, ela não tem autonomia. Se a quantidade do tempo for escassa, a qualidade não supre a carên-

* Esse seu conselho perspicaz foi publicado na matéria "Só as mães são sinceras", da revista *Época* (6 de novembro de 2006).

cia da criança. Mas também podemos perceber casos em que existe muita quantidade e pouca qualidade. "A pior ausência de uma mãe, ou de um pai, é a ausência presente. Isso a criança não entende jamais", garante o Dr. Leonardo Posternak. Estar em casa ou até na mesma sala, mas concentrado no computador, ou atrás de um livro ou jornal, é algo incompreensível para a criança. Como alguém pode estar ali (presente) e não estar (ausente)? O desafio é, durante o contato com o filho, estar ali de corpo e alma e o maior presente (para ele e para você) é se entregar totalmente na brincadeira, na hora da lição, durante o lanche, seja quando for. A educadora Yara Jafet resume a questão de maneira inteligente: "No lado profissional você precisa estar inteira no que faz para realizar um bom trabalho. O mesmo funciona para o filho — você tem que mostrar disponibilidade afetiva. Desligue o celular, deixe para pegar mensagens depois, esqueça o marido, a empregada que está chamando. Esteja lá só para o filho e dedique-se às outras coisas depois, uma de cada vez!" A psicanalista Márcia Rodrigues Ganime, da Sociedade Brasileira de Psicanálise no Rio, reforça: "Quanto mais horas a mãe puder ficar com o filho, melhor. Se o tempo é curto, o importante é a qualidade", diz. "O tempo tem de ser só para a criança. Não adianta dividir a atenção com os afazeres da casa", completa.*

Uma pergunta costuma me assustar: como vamos saber se o tempo dedicado é o suficiente? Ela é ainda mais apavorante se considerarmos que as necessidades dos filhos são diferentes. Se um está satisfeito com aqueles quinze minutos de atenção total, o outro pode continuar carente mesmo depois de receber quatro

---

* *Veja Rio*, 7 de maio de 2003 – reportagem de capa – "Dedicação integral ou carreira profissional".

horas dedicadas especialmente a ele. Quem já não se arrepiou ao escutar histórias de adolescentes desajustados ou ao conhecer adultos egoístas e inseguros e, por um breve momento, questionou: será que faltou dedicação da mãe na primeira infância?

Cartão de visita

Quando minha filha Beatriz entrou na escola de educação infantil, com pouco menos de 2 anos, meu coração estava totalmente dividido. Sua adaptação (e a minha também!) não foi imediata. Ao levá-la diariamente para a escola, diante de alguma resistência dela, explicava que ficaria lá brincando e, enquanto isso, eu iria trabalhar. E, claro, que a buscaria na volta do trabalho. Ela olhava desconfiada. Um dia, em um desses vacilos na porta da classe, tive a idéia de entregar-lhe meu cartão de visita. Disse que ali estava escrito meu nome e onde eu trabalhava. Ela agarrou o cartão fortemente e me olhou com um ar seguro. Saí de lá toda orgulhosa da minha técnica pedagógica recém-criada. Até hoje, não sei se o recurso funcionou. Pelo menos aparentemente, ficamos mais aliviadas naquela hora. Beatriz teve a segurança de onde a mãe estava. E eu achei que ela entendeu minha volta como uma certeza. Senti a culpa abrandar e só isso já valeu a nova utilidade do cartão de visita!

Dia-a-dia ideal

Sinto-me como um personagem de desenho animado, daqueles que têm um anjo e um demônio sussurrando em cada orelha ("Fique em casa com as crianças!" "Vá trabalhar e proteja sua independência"). De tempos em tempos, todas nós desejaríamos ficar por alguns meses imersas no estilo de vida oposto ao nosso, e isso sem conseqüências a longo prazo. Essas colocações do livro da americana Leslie Morgan Steiner, que tem o título sugestivo de *Mommy Wars* (ou seja, Guerras de Mamãe), são divertidas e realistas. Quem não trocaria sua rotina por uns meses, só para ver como se sentiria e quais os desafios a enfrentar numa situação diferente da atual?

Na pesquisa sobre as "Mães Contemporâneas" do IBOPE, a maioria das mães se considera feliz, mas gostaria de mudar algo em sua vida. Na verdade, faz pouco tempo que a mulher de hoje estruturou sua vida dessa maneira, por isso os sentimentos ainda são contraditórios. A psicóloga Sylvia Mello Silva Baptista diz que a mãe vive e convive com a ambigüidade em si mesma, pois sente-se mal por estar trabalhando e não ao lado dos filhos e, quando está só em casa, sente-se incompleta e necessitando dar vazão ao lado profissional.

"Não suporto bater cartão, não combina com mãe, esse negócio de ser dona do meu nariz é muito importante."

EMPRESÁRIA PAULISTA, FILHOS DE 7 A 10 ANOS.

Então, quais seriam os caminhos para equilibrar bem o trabalho e os filhos, já que não se está plena e feliz sem os dois? Uma pista se revela nos desejos das mães pesquisadas (de uma lista de 9, elas deveriam escolher 2 prioritários para elas). Os grandes vencedores foram: trabalhar meio período (35%) e montar o próprio negócio (34%). Na visão idealizada dessas mulheres, essas seriam duas formas de equacionar melhor sua rotina e assim se livrar de algumas preocupações. Elas se imaginam com mais liberdade e menos rigidez no esquema de trabalho, especialmente no caso do negócio próprio. O quarto item mais apontado na lista, eleito por 26% das entrevistadas, é ter uma carga horária de trabalho menor.

Curiosamente, todos esses desejos têm relação direta com o tempo investido no trabalho. O que isso indica? As mulheres não pensam em abrir mão do lado profissional, mas há um forte anseio pela redução do número de horas. Elas querem trabalhar menos, provavelmente para sobrar mais tempo para os filhos ou para outras necessidades. A questão é: como e em que intensidade trabalhar! Veja que interessante este depoimento de uma participante do grupo de mães que não trabalham, com filho até 2 anos: "Acho que o ideal seria um trabalho de meio período. Enquanto ele está na escola ou dormindo você trabalha. Porque é difícil a mãe querer perder essa fase. É cada dia uma gracinha, uma coisa nova que estão aprendendo. E cada mês que passa você quer ficar mais perto, mas ninguém quer ficar em casa limpando, todo dia."

Para além da dedicação ao lado profissional, pesa também a atual desvalorização do trabalho da mulher em casa. "Se eu fizer um projeto e apresentar, e ele for um sucesso, viro funcionária do mês. Agora, se eu limpar a janela mais que limpa, ninguém vai falar nada para mim", observou bem outra mãe do mesmo grupo de discussão acima. Participar da educação dos filhos e trabalhar enquanto eles estão na escola parece ser a saída favorita tanto das mães que não trabalham no momento como para as profissionais. Afinal, a missão "criar bem os filhos" ainda vem em primeiro na lista de prioridades. Apesar disso, as que não trabalham fora enfrentam certo preconceito por parte de quem se dedica à vida profissional. E quem enfrenta o dia-a-dia de empresa parece não ter opção a não ser olhar o quadro de uma perspectiva realista. "É ótimo você aproveitar quando ele é bebê. Mas depois essa fase passa, ele vai namorar, vai querer ficar sozinho, sair com os amigos... eles vão ficar independentes", observa essa mãe do grupo das que trabalham e têm filhos de 4 a 6 anos. Quem descobriu o caminho do meio geralmente montou a própria empresa ou tem a flexibilidade das profissionais liberais.

"Sábado pela manhã trabalho com meu pimpolho agarradinho comigo. Sou empresária, o que facilita muito, pois meus horários são flexíveis. Mas em contrapartida as preocupações são bem maiores e a responsabilidade também."

EMPRESÁRIA DO TOCANTINS, FILHOS DE 0 A 2 ANOS.

Pelo desejo menos votado da lista — parar de trabalhar e cuidar só dos filhos —, mencionada somente por 9%, dá para perceber que abdicar totalmente do trabalho remunerado não parece a melhor solução para elas. Esta idéia é reforçada pela frase que teve o menor grau de concordância: "Sinto uma pontinha de inveja das minhas amigas que não trabalham." Só 17% concordam com a afirmação. Ou seja, mesmo sobrecarregadas, as mães que trabalham gostam do que fazem e vêem valor nisso.

Lista de desejos

Trabalhar meio período	35%
Montar um negócio próprio	34%
Ter um marido/companheiro que me ajude mais	32%
Ter uma carga horária de trabalho menor	26%
Conseguir uma babá espetacular	24%
Morar perto do trabalho	17%
Ter um emprego em local mais flexível	14%
Ter ajuda dos meus pais/sogros	10%
Parar de trabalhar e cuidar só dos filhos	9%

Não trocariam a vida delas pela das mães que não trabalham. "Trabalhar é muito bom. Você perde algumas coisas, lógico, mas se você não tiver nada, a vida vai passar, ele vai crescer, vai ter a vida dele, e você, vai ter o quê?", questiona uma das mães do grupo que trabalha, com filhos de 7 a 10 anos.

Toda escolha pressupõe o abandono da outra possibilidade. "A mulher sempre vai ficar na dúvida se está fazendo o melhor para ela", comenta a psicóloga Magdalena Ramos. Há quem deixe de trabalhar por um tempo, enquanto os filhos são pequenos, mas a agressividade do mercado de trabalho exige muita disciplina, atualização e força de vontade para a volta ao ambiente profissional.

> *"Meu filho de 5 anos fez um desenho de nossa família e não me desenhou. Perguntado, respondeu: a mamãe não aparece porque está no trabalho."*
>
> ASSALARIADA DE SANTA CATARINA, FILHOS DE 3 A 6 ANOS.

Também existem aquelas que buscam alternativas, como trocar de ocupação. Uma conhecida, formada em comércio exterior, administrava carregamentos que chegavam do porto e por isso tinha de estar sempre de plantão, até mesmo à noite e nos finais de semana. Com a chegada da primeira filha, abandonou essa rotina estressante. Depois que a segunda criança já estava na escola, fez cursos de decoração e análise das energias de ambientes, tornando-se consultora de feng shui, com horários mais flexíveis.

Sacrifício também não se nega, tudo em prol de ficar mais tempo com os filhos. Outra mãe se candidatou a uma vaga noturna numa companhia aérea para conseguir acompanhar a rotina da filha pequena durante o dia. Uma executiva francesa dirigia um banco e passava os dias viajando e imersa em reuniões. Percebendo os problemas de atenção do filho mais velho, abdicou do cargo e do poder — tão difícil de alcançar neste mundo corporativo e masculino — e assumiu um emprego das 8h às 18h para conviver melhor com os três filhos.

"A pior 'guerra das mães' acontece dentro de cada mulher, quando elas têm de tomar uma decisão e ainda lidar com o julgamento das outras mães."

Leslie Morgan Steiner, autora do livro *Mommy Wars*.

Do ponto de vista da saúde psicológica, a escolha pelo trabalho, seja ele de meio período, liberal ou assalariado, é, na maioria das vezes, acertada. A pedadoga curativa e terapeuta social Ana Altenfelder recebe em seu consultório mães de meia-idade vítimas de depressão, pois dedicaram a vida toda aos filhos e no momento em que eles entram na adolescência ou começam a sair de casa, elas se vêem sem rumo e sem ocupação. O maior perigo é se sentir desvalorizada por não ter desenvolvido uma atividade profissional e ainda culpar os filhos por isso.

Sábia nas suas observações, a psicóloga Magdalena Ramos comenta: "O ideal seria que a mulher ficasse um pouco menos ansiosa, um pouco menos culpada, porque ela também tem prazer com o trabalho e se sente gratificada com a liberdade e a autonomia que conquistou atualmente. Porque antes a mulher se casava, não trabalhava e ficava presa ao marido para o resto da vida." O preço da liberdade, a gente paga com a culpa e outros conflitos. Nada é de graça na vida. A mãe e profissional ganha na medida em que beneficia seus filhos. Imagina como eles se sentiriam com a mãe em casa, chorando pelos cantos, frustrada e culpando o marido por não estar feliz. Essa cena era bem comum quando as mulheres não tinham autonomia e dependiam do marido para tudo, apesar de hoje isso parecer algo muito distante de nós.

Veneno e remédio

O grande perigo da culpa é como se lida com ela. Querer compensar o tempo perdido, além de não ser possível, leva a problemas de origens diversas. Veja só este exemplo, contado por uma amiga: uma manicure com um filho de 15 anos e outro de 2 sofria sempre que saía para o trabalho e deixava o pequeno aos cuidados de outra pessoa. Em toda volta para casa trazia da rua um bombom, um brinquedinho, uma figurinha, qualquer coisa que alegrasse o menino. Até que um dia se esqueceu do mimo. "Mamãe, você trouxe surpresinha para mim?" foi o que ela ouviu, assim que abriu a porta. Quando o menino soube que ficaria sem presente, desatou a chorar, desconsolado, o que fez agora essa mãe pensar que só a presença dela de novo em casa não é suficiente para contentar o filho. É o excesso de culpa e os apelos da sociedade de consumo combinados que criam essa mistura bombástica. Os quereres essenciais são substituídos, até mesmo inconscientemente, pelos supérfluos. Tudo isso gerado por dois sentimentos: a culpa e a vontade de ver o filho feliz.

"Vivo na correria, só tenho tempo para minha filha à noite e se chego mais tarde e ela já está dormindo... isso dói no meu coração, mas não me permito sofrer, pois tudo o que faço é para ela ter mais do que eu tive."

ASSALARIADA DO MATO GROSSO, FILHOS DE 3 A 6 ANOS.

Essa história de querermos produzir uma criança perfeita também pode gerar patologias, como lembra bem o pediatra Leonardo Posternak. A sociedade impõe e até a mídia incentiva: a criança tem que ser feliz, bonita, inteligente e talentosa. E aí, se você sai para trabalhar, fica complicado. A mãe que se sente culpada porque está abandonando a criação desta maravilha, quando volta para casa deixa o filho fazer tudo! Isso é péssimo para a criança. Se uma criança com 2 anos acha que pode tudo, imagine o que fará dentro de uma empresa depois. A culpa em excesso faz os pais protegerem os filhos, não deixando mais que eles se frustrem dentro de casa.

"Não se culpe por trabalhar fora e não tente compensar fazendo tudo o que seu filho quer no tempo passado junto a ele."

DICA PESSOAL DE EMPRESÁRIA PAULISTA, COM FILHOS ENTRE 7 E 9 ANOS.

Sentimento inútil — é assim que a pedagoga curativa e terapeuta social Ana Altenfelder define a culpa. "Como mãe eu também passo pela vivência de culpa e sei o quanto ela não resolve nada", desabafa. O que ela sugere é tomar consciência daquilo que não está bom e tentar melhorar: a isso chama de caminho de desenvolvimento. Mas não é fácil chegar a esse estágio de conscientização, todas nós sabemos bem disso.

Pior é aquela que usa a culpa para chantagear emocionalmente os filhos. Faz questão de dizer o quanto sofreu para criá-los e assim repassa para eles o sofrimento. Essa sim, precisa de tratamento, pois o efeito desse comportamento é devastador. Além de se sentirem culpados pelo sacrifício da mãe, acabam por questionar se é válido ou não ter filhos. Afinal, não tiveram um modelo que os ensinasse a levar a maternidade com alegria.

"Se você perder uma reunião de trabalho, seus colegas vão esquecer do fato na semana seguinte. Mas se você perder a formatura do jardim-de-infância, seu filho vai se lembrar disso para sempre."

DAWN HUDSON,
CEO DA PEPSI COLA, USA.

Laraine T. Zappert, que conduziu uma pesquisa com 300 mulheres graduadas na Universidade de Stanford e escreveu um livro sobre mães com carreira profissional*, usa de seu pragmatismo americano para bolar um plano de ação de oito passos contra a culpa. Alguns deles: olhar o quadro de uma perspectiva realista, considerar sua atual situação a longo prazo, cercar-se de ajuda da família e ouvir pessoas que possuem as mesmas inquietações. Mas, por mais que sugira investir na razão para resolver conflitos emocionais e encarar tudo de uma forma positiva, até Laraine confessa: é preciso assumir que a culpa é um "custo-embutido" da equação mãe-profissional. Ou seja, será sempre aquela sombra que acompanha a vida de quem se divide entre o cuidado com os filhos e o desenvolvimento da carreira. E por isso a melhor receita é não dar tanto espaço para a culpa e não deixar que nos façam sentir culpadas sem o nosso próprio consentimento!

Já percebeu como os outros nos influenciam e nos julgam o tempo todo? Quantas vezes escutei: "Nossa, você está trabalhando demais, precisa de férias!" E quando então resolve tirar um período sabático: "Puxa, que folga, não vai trabalhar não?" Tão logo entram os filhos na jogada, a questão se amplifica para a maneira como se cuida e educa outros indivíduos e os efei-

---

* *Getting it Right, How Working Mothers Sucessfully Take Up the Challenge of Life, Family, and Career*, da Editora Touchstone.

tos disso sobre a vida deles. Se escutarmos críticas alheias e não estivermos satisfeitos e seguros das nossas escolhas, não é difícil alcançar um nível de culpa que massacra.

Mais difícil ainda é escutar cobranças dos filhos. Aí talvez chegue um ponto em que é preciso estar atenta e ver se a balança não está pendendo demais para o lado do trabalho. "Um dia cheguei muito cansada do trabalho e fui até o quarto do meu filho. Ele disse: "Puxa, mãe, você não tem mesmo mais tempo para mim, né?" Me senti péssima. "Ele está crescendo e eu não estou vendo isto...", confessou uma paulista, assalariada, com filhos entre 10 e 12 anos.

Quem se sente assolada e infeliz por conta de muita sensação de culpa pode considerar fazer uma lista de pontos positivos e negativos da sua rotina e, quem sabe, investir em uma mudan-

Bilhete premiado

Por que, em muitas escolas, os bilhetes enviados pelas professoras na agenda ainda vêm dirigidos apenas às mães? Sei que várias já trazem os pedidos para ambos os pais, mas não são poucos os casos em que o pedido vai só para a mãe. Fico furiosa com isso. Se pais e mães trabalham, voltam tarde para casa, por que os bilhetes são enviados apenas "para a mamãe"? Nada mais desesperador do que chegar à noite e encontrar um bilhete desses dizendo que, no dia seguinte, seu filho deve levar uma placa de isopor para a hora do artesanato ou um pote de Nutella para a aula de culinária. E se no dia seguinte ele não levar o que foi pedido, com certeza será culpa da mamãe. Ou, pelo menos, da forma como nos foi colocado, acharemos que será culpa nossa mesmo.

"Nunca se esqueçam de que trabalhar fora não nos torna menos mães; existem mães que não trabalham e se dedicam menos aos filhos do que muitas que trabalham. Nossos filhos sempre nos amarão, caso os tratemos com amor e carinho, não importa o tempo que fiquemos com eles."

ASSALARIADA PAULISTA, FILHOS DE 0 A 2 ANOS.

"Ter culpa é natural, mas precisamos ter nosso próprio momento, para que possamos crescer em todos os aspectos, cada um a seu tempo. O tempo de ser mãe é um crescimento, mas a vida não pára por aí."

ASSALARIADA PAULISTA, FILHOS DE 7 A 9 ANOS.

"Apesar da culpa que sentimos, ainda somos e seremos admiradas pelos nossos filhos."

ASSALARIADA CATARINENSE, FILHOS DE 10 A 12 ANOS.

"Não se culpem pelas horas fora de casa e sim pelas horas mal administradas dentro de casa. Tenham paciência com seus filhos. Criança que tem a atenção devida não dá trabalho, só prazer."

EMPRESÁRIA PAULISTA, FILHOS DE 3 A 6 ANOS.

ça. Mas não deve perder de vista que o sentimento é supernatural. Tanto que a relação com a culpa foi mencionada centenas de vezes durante a pesquisa qualitativa. E o que mais me impressionou foi a sinceridade dessas mulheres e a intenção genuína e descompromissada de apoiar uma à outra.

Outro ponto que me chamou a atenção é o quanto cada uma está satisfeita ou resolvida com suas próprias soluções — para além do meio período ou trabalho como empresária, mesmo as assalariadas se retratam como batalhadoras e se cercam da ajuda de babás ou avós para continuar na carreira, com muito orgulho. Algumas atentam para o fato de que a infância passa depressa e sugerem às mães procurar trabalhos autônomos ou alternativos para terem mais tempo de curtir essa fase dos filhotes. "Hoje trabalho como autônoma em função dos meus filhos e acho que vale muito a pena!", relata uma carioca com filhos de 10 a 12 anos. Não existem fórmulas prontas, cada uma deve buscar a sua — e parece que encontrá-la dá mais disposição, tranqüilidade e leveza para enfrentar a vida de equilibrista.

"Fico sempre dividida, por isso me coloquei com os braços bem grandes, dando conta de tudo, dos meus filhos e do hospital onde trabalho."

Lotada de atribuições, essa assalariada paulista, com filhos de 1 a 3 anos, literalmente usa os braços para carregar cada parte querida do seu dia-a-dia. Sem deixar de lado a carreira, essa cuidadora — já que trabalha em um hospital — acolhe os filhos e os coloca como prioridade. Segue em frente nos dois trabalhos (o de mãe e o profissional) de forma positiva e batalhadora, dando conta de tudo. Além do próprio sorriso nos lábios, é recompensada pela alegria no rosto dos filhos. Essa é a maior conquista para quem enfrenta a dupla missão.

CAPÍTULO 5

Equilibrista Feliz

Embora mais sobrecarregadas, as mulheres que se dedicam à dupla missão têm muito a comemorar. Depois das conquistas da vida profissional, a maternidade enriquece o dia-a-dia e desperta talentos adormecidos. A alegria de ser mãe e a capacidade de dar conta de tantos papéis nos levam a dizer, com satisfação:
Somos heroínas!

"Escolhi uma malabarista para representar minha mulher, pois é como se ela tivesse dois aspectos do seu dia. É alguém que manipula coisas difíceis, algo que não é comum... e ela faz como se fosse fácil. E faz sorrindo. Ela não vê isso como obrigação, mas como um dever. Ela cuida de tudo e trabalha fora em dois lugares. Eu já teria deixado tudo cair, teria quebrado os malabares!"

A explicação do desenho dada por um pai participante do grupo de pesquisa denuncia o quanto ele reconhece a habilidade dela. E nota que a esposa não se deixa abalar pelos desafios que tenta equilibrar e os cumpre sempre sorridente. Ao mesmo tempo, ele confessa que não seria capaz de segurar todas as tarefas da rotina feminina.

Mulher multitarefas

Mãe nova só começa a se dar conta do universo desconhecido que terá pela frente quando se depara com uma daquelas enormes listas de chá de bebê e percebe que não sabe a utilidade da maioria dos itens. Quem já está com os filhos na adolescência e pré-adolescência, como eu, sabe que este caminho não tem fim e nos proporciona, ao longo de todos os passos, um punhado de oportunidades. A gente aprende a se relacionar com as crianças – afinal são seres únicos e muito diferentes de nós –, a lidar com situações imprevistas ou difíceis, a se concentrar mais no que faz, a se estressar menos por bobagens, isso só para citar alguns aspectos.

Lembro de uma cena divertida num episódio de Desperate Housewives (ou Donas-de-casa desesperadas), seriado que passa em um canal por assinatura.

A executiva, mãe de trigêmeos e de uma menina pequena, está fazendo entrevistas de trabalho, já que o marido ficou desempregado. Num imprevisto – o marido estava com as costas travadas – levou o bebê junto a uma das entrevistas e o deixou aos cuidados da recepcionista da empresa. Enquanto era entrevistada na sala de vidro do diretor, viu o quanto a pequena estava em apuros e resolveu buscá-la. Diante da falta de tempo do possível chefe – que sairia em viagem em questão de minutos – e da necessidade de trocar a fralda, não teve dúvida. Virou para ele e disse: "Olha, você quer saber como eu tenho talentos para fazer muitas coisas ao mesmo tempo, então olha só, vou trocar a fralda dela e analisar tudo que está errado no marketing e no site da sua empresa", e desandou a falar e a argumentar. Alguns minutos depois, no momento em que a menina estava trocada, o diretor falou: "Gostei, está contratada!"

Caricatura, sim, mas foi um recurso inteligente do roteirista para passar a mensagem de que ser mãe tem seus benefícios até mesmo para a vida corporativa. Colocando os pontos na balança, observamos um ganho maior do que a perda. Num especial da revista *Claudia*, de 1º de abril de 2006, chamou a atenção a reportagem "Acredite: a maternidade pode impulsionar sua carreira". Nela, consultorias de RH apontaram várias vantagens de mãe profissional. Como ela precisa observar muito o bebê para descobrir suas necessidades, fica menos centrada em si e mais no outro. Também adquire mais tarimba para lidar com ambientes em mudança constante, ou seja, com o moderno mundo profissional. Havia ali uma lista de pontos positivos para a carreira, que todas nós temos direito de valorizar. Aí vão:

Tolerância – Mãe tem paciência e tolerância para aceitar que as situações não são exatamente como se espera e sabe que não dá para ter tudo sob controle. No contato com as próprias limitações e com as da criança, fica menos rígida nas relações e aceita melhor as limitações de cada um.

Organização – Depois da chegada dos filhos, aumentam tarefas e responsabilidades para administrar. É preciso priorizar as tarefas e organizar-se.

Concentração e foco – Como o tempo é precioso, a ordem é concentrar-se e focar nas prioridades, ou seja, fazer o dia render.

Flexibilidade – Além da capacidade de lidar com imprevistos, a mãe costuma ter jogo de cintura para encontrar soluções. Adapta-se a novas exigências e novos cenários com facilidade.

"Encaro filhos como um dos grandes aprendizados na vida, você resignifica seu olhar, faz novas leituras do mundo e das suas relações. É a experiência mais rica do ser humano."

YARA JAFET, MÉDICA E EDUCADORA.

Versatilidade – As múltiplas funções no dia-a-dia (mãe, esposa, profissional) geram habilidade para trocar de assunto ou tarefa rapidamente e transitar com desenvoltura por várias áreas e atividades.

Negociação – Convencer o filho pré-adolescente a tomar banho ou ensinar o pequeno a guardar o doce para depois do almoço exige habilidade de negociação, ponto valorizado nas empresas.

Capacidade de delegar – Já que não dá para resolver tudo sozinha, é inevitável delegar a alguém os cuidados com os pequenos em pelo menos parte do dia. Saber delegar se traduz em não se sobrecarregar e ainda valorizar os outros da equipe.

Observação – Capacidade de observar e compreender o que significa cada choro do bebê é um talento que se adquire. E a percepção aguçada pode ser trunfo na vida profissional.

Comunicação – Para educar bem os filhos, é válido lançar mão de um discurso personalizado e adequado ao ouvinte, sendo objetivo, mas sem ser rude. Dar *feedbacks* à equipe fica mais fácil depois de exercitar essa habilidade com as crianças.

Perspectiva – A maternidade faz a gente perceber o que realmente importa, dando aos problemas o tamanho que eles têm de fato. O resultado é menos stress e mais chances de levar a vida profissional de maneira equilibrada e feliz.

Espelho, espelho meu...

Pedimos para as mulheres pesquisadas fazerem uma auto-avaliação de seu desempenho nos vários papéis com os quais se confrontam diariamente (com notas de 0 a 10). O resultado foi surpreendente: como mãe e profissional a mulher se dá notas boas e idênticas! Isso mostra que estas duas dimensões exigem a mesma atenção. O fato de os valores serem iguais também expressa que ela se dedica com afinco a ambas e isso aumenta seu desgaste. A energia que ela precisa dispensar para merecer 8,3 em cada um desses papéis é enorme. Não é de espantar que a pior nota que se dá é para o cuidado com ela mesma. Diante de outras prioridades, o papel como mulher acaba ganhando menos a sua atenção e por isso ela mesma atribui a nota baixa. Ela mesma percebe e avalia que está ficando "pouco cuidada".

Notas para si mesma como...	
Profissional:	8,3
Mãe:	8,3
Esposa/companheira:	6,8
Mulher/cuidados pessoais:	5,5

Outro exercício proposto na pesquisa foi apresentar uma lista de 50 adjetivos. Desses, pedi que as entrevistadas escolhessem os cinco que melhor expressassem aquilo que elas gostariam de ser (ou ser mais do que são hoje). Chamamos a isso de *ideal self*.

Ideal Self	
Rica	42%
Bem-sucedida	37%
Amante	26%
Bonita	22%
Descomplicada	21%
Equilibrada	19%
Ambiciosa	17%
Corajosa	17%
Independente	17%
Saudável	16%

A lista dos 10 adjetivos mais citados mostra que a mulher busca características mais associadas à vida profissional, às conquistas de independência, à vida produtiva. Ela sente que o mundo profissional ainda é um território que exige esforços, no qual ainda precisa caminhar. Também sobra algum espaço para desejos de ser mais sexualizada (bonita e amante). O que salta aos olhos é que na lista dos 10 mais não aparece nada relacionado a seu papel de mãe. Nesse quesito, de certa forma, ela já se sente plena. Pode não estar satisfeita, mas já conquistou plenamente esse papel. Ela já é reconhecida como mãe, sendo boa ou má nessa tarefa. A identidade materna já está cristalizada, o "eu mãe" não é contestado nem por ela nem pela sociedade. Mas o "eu profissional" ainda está em processo de construção. Mesmo com todas as crises que essa mulher possa ter em relação a seu desempenho como mãe, ela já sente que é mãe o suficiente.

Da mesma maneira, pedimos que escolhessem os cinco adjetivos que mais combinam com elas atualmente. Como se vêem hoje é o *actual self*.

Actual Self	
Boa mãe	48%
Batalhadora	36%
Boa profissional	30%
Amiga	25%
Afetiva	20%
Carinhosa	18%
Confiável	17%
Sincera	17%
Independente	16%
Exigente	15%

Esse conjunto de adjetivos mostra que, apesar de tudo, elas se vêem como boas mães. É o papel que melhor as define hoje. Na seqüência, o adjetivo "batalhadora" também diz muito sobre as mulheres: reconhecendo que a rotina delas é um verdadeiro campo de batalhas, conciliar as diferentes tarefas é para uma grande guerreira. Os demais atributos listados no *actual self* refletem muito o mundo feminino, da afetividade, do carinho, da amiga...

"Continuem batalhando, pois isso só tem a acrescentar para a mulher. Os filhos mais tarde vão entender que foi a melhor atitude."

ASSALARIADA DO PARANÁ, FILHOS DE 3 A 6 ANOS.

Se voltarmos ao conceito de boa mãe, poderíamos analisar apenas como uma tarefa na qual elas se dão bem, ou até mesmo têm talento para isso. Mas se formos medir a satisfação que elas experimentam representando da melhor forma essa função, fica fácil compreender a nota. Basta reparar que a frase que obteve o maior nível de concordância foi: "Minha maior alegria é ser mãe." Noventa e dois por cento das mães concordam com essa frase, seja total ou parcialmente. A média foi a mais alta de todas:

Questão de imagem

"Fui buscar o Gabriel na escola, por volta das 16h30. Ao sairmos do estacionamento ele viu um amigo seu indo embora com o avô. Esse amigo, todos os dias, volta da escola com o avô (aliás, esse mesmo avô me ajuda muitas vezes com caronas e é uma pessoa muito especial). Gabriel pergunta: "Mãe, por que é o avô que vem sempre buscá-lo na escola?" Explico que a mãe e o pai do amigo trabalham, com horários rígidos (bem mais que os meus) e distante da escola. Ele fica satisfeito com a resposta e, na seqüência, lança mais uma pergunta: "Mãe, por que algumas mães não trabalham?" Pensei bastante para responder a essa pergunta. Disse que poderia ter várias razões, dei algumas explicações possíveis: desde a mãe preferir ficar cuidando da casa e dos filhos até ela não ter conseguido um emprego. E, em seguida, reafirmo por que trabalho e quão importante o trabalho é para minha realização pessoal. Acho que ele se contentou com a resposta. Mas o que me chamou a atenção foi a natureza das duas perguntas. Em ambas, o que ele queria entender era como funciona essa dinâmica de mães que trabalham e seus filhos. Se para nós mães essa é uma questão recorrente, talvez, para nossos filhos, eventualmente também possa ser um tema que gera curiosidade. Mas o que me deixou mais feliz foram as perguntas que ele fez. De alguma forma, me tranqüilizaram. Na primeira pergunta, ele reconhece que mesmo que não seja todos os dias, sou eu quem o busca na escola. E, na segunda pergunta, parece que o mais natural para ele é uma mãe trabalhar e por isso a curiosidade de saber por que algumas mães não trabalham. Se interpretei corretamente as questões subjacentes às perguntas de meu filho de 10 anos, confesso que não sei, mas a leitura que fiz de seus questionamentos deixaram-me em paz com minha dupla missão."

4,54 (sendo 5 a concordância máxima). Isso mostra claramente que a questão da maternidade está no centro do ser feminino e que, apesar de toda a sobrecarga exigida da mãe que exerce os múltiplos papéis, o seu "eu mãe" não é questionado e segue sendo muito gratificante e fonte de alegrias.

Duas atividades para ser inteira

Não me sinto realizada sem minha família, mas sem as minhas conquistas profissionais, também me considero incompleta. Esta frase poderia ganhar corpo na boca de muitas mulheres, já que a possibilidade e os benefícios de conviver com esses dois lados – o privado e o público – motivam a mãe profissional (já vimos que ela se dedica com afinco aos dois lados, com notas igualmente boas). Também observo que quando dividimos nossas atenções para vários focos, tendemos a ser menos obsessivas com diferentes situações. Uma amiga me disse ter sido uma profissional muito mais preocupada e estressada antes da maternidade. Depois, adquiriu uma nova perspectiva e, como os problemas do trabalho já não eram os únicos para serem solucionados, não gastava mais tanta energia com eles. É lógico, precisaria sobrar alguma energia para resolver outros problemas na hora de voltar para casa.

"Fiz os dois últimos anos de faculdade trabalhando e cuidando do meu filho. Fui promovida e ainda faço pós-graduação. E ele só tem 4 anos!"

ASSALARIADA PAULISTA, FILHOS DE 2 A 4 ANOS.

Mas, olhando para o lado positivo, a mulher que vive mais de um foco parece mais feliz, pois divide seu tempo (e suas preocupações também) entre várias atividades. Integrar os vários aspectos da vida é uma grande ambição feminina. Como diz a espanhola Nuria Chichilla, professora da Universidade de Navarra, e co-autora do livro *La Ambición Femenina*: "Enquanto os homens pensam em trabalhar e ter êxito na profissão, as mulheres querem conciliar família, amigos e trabalho, por isso a ambição feminina é muito mais ampla e completa que a masculina."*

Outra defensora dos benefícios da mãe profissional é Sylvia Mello Silva Baptista, autora de *Maternidade & Profissão, oportunidades de desenvolvimento*. "Se vividos de uma forma orientada para uma integração, a maternidade e a realização profissional podem levar, a partir da conjunção das polaridades masculina e feminina, a um desenvolvimento fundamental da mulher contemporânea", conclui ela. É bonito como analisa a maternidade também do ponto de vista simbólico, e não apenas do físico e biológico. "Ser mãe de si mesma significa poder sustentar-se, fazer escolhas, movimentar-se com maior liberdade no âmbito de seus desejos, independer de uma proteção externa e poder cuidar da realização desses desejos, de suas metas e projetos." Isso traduz um ganho de liberdade imenso. Esse gostinho de conquista a mulher só experimentou nas últimas décadas... e pensar que sobrevivemos a séculos de dependência.

Nos dias de hoje, não são poucas as que podem se orgulhar de sustentar a casa ou também bancar a família quando se separam ou os maridos ficam desempregados – o ganho é para todos os envolvidos. Na pesquisa Singulares, com o perfil das funcioná-

---

* Revista *Exame*, 4 de agosto de 2004 – "As faces da ambição feminina".

rias da Philips, o salário da entrevistada em 40% dos casos é o maior da casa. Em 43% das vezes, ela é a chefe de família, ou seja, é a pessoa que paga a maior parte das despesas. Funções masculinas que a mulher assumiu para si ou necessidade dos tempos atuais? Nem sempre é uma questão de escolha. "Vivemos um momento que transcende a escolha: ou um, ou outro. O momento é de integração: um **e** outro", ressalta Sylvia Mello Silva Baptista. Concordo com ela quando diz que essas dimensões da vida se compõem e desenham uma totalidade.

O salário, além de valorização do trabalho, dá oportunidade para que a mulher conquiste o pé de igualdade com o homem na hora de pagar as despesas da família (embora a equiparação salarial entre homem e mulher ainda esteja longe!). A segurança que as próprias conquistas trazem à mulher gera um círculo virtuoso: dedico-me para ser valorizada e, com o resultado dessa valorização (seja dinheiro ou não), dou rumo aos meus projetos pessoais e familiares... a realização deles me impulsiona a me dedicar mais. Não é à toa que muitas mulheres, depois de terem seus filhos, adquirem um senso de responsabilidade e uma ânsia por crescimento que a transformam numa leoa no trabalho. Seria o instinto maternal de proteção da prole? A chegada dos filhos acaba impulsionando a vida de muitos casais, pois eles buscam boas escolas, uma casa maior ou de melhor qualidade para a família... Enfim, não é coincidência vermos homens e mulheres dos 30 aos 45 anos ralando muito para atender às próprias expectativas (em relação ao que querem proporcionar para seus filhos).

Ponto de equilíbrio

Trabalhar e deixar os filhos em casa ou na escola é a realidade. Dá culpa? Dá. É um paradoxo, uma contradição? É. "Tudo depende de como a mãe se posiciona diante dessa contradição", teoriza o Dr. Leonardo Posternak. Faça o que é preciso ser feito em cada momento, aconselha o pediatra. E isso significa "estar inteira" em tudo o que faz. "Não há coisa pior para um menino pequeno do que a mãe brincar com ele e estar fisicamente presente, porém com a cabeça e o coração em outro lugar." Se estiver com a criança, entregue-se totalmente. A psicóloga e terapeuta familiar Magdalena Ramos me deu o mesmo conselho, segundo ela, muito simples de falar, mas muito difícil de fazer: "Não faça de conta que está quando não está, os filhos percebem. Seja inteira!" Isso significa resistir à tentação do telefone, da internet, até da televisão para estar com o filho por inteiro e não com a atenção desviada para outros interesses.

Seria esta uma das chaves para conseguir o almejado equilíbrio? Dedicar-se a ser mãe em todos os momentos possíveis e com muita intensidade, sem deixar de perseguir o crescimento da carreira e buscar a realização pessoal no trabalho. Uf, difícil... impossível, nunca. É espremendo bem o suco que se tira o melhor da fruta. Como diz a Sylvia (de *Maternidade & Profissão, oportunidades de desenvolvimento*), "Profissão e maternidade são dois aspectos relevantes da experiência humana que podem oferecer inúmeras oportunidades. E a mulher pode e deve tomar essas oportunidades nas mãos, torná-las conscientes e efetivá-las enquanto escolhas." A reali-

"Seja exatamente o que você quer, porque a vida passa muito rápido."

ASSALARIADA BAIANA, FILHOS DE 7 A 9 ANOS.

zação é importante, e disso independe se a mulher trabalha ou não. Veja o caso de Vera Vilaça. Executiva bem-sucedida, formada em marketing em São Paulo, ela ocupou altos cargos em bancos. Depois de 30 anos de carreira, cansou-se. Redescobriu prazeres da vida como dona-de-casa e publicou um livro sobre o assunto.

As escolhas de mulheres que preferiram se dedicar integralmente aos filhos ou então seguir com a carreira profissional, apesar dos filhos, foi tema discutido por uma reportagem de capa de *Veja Rio* (de 7 de maio de 2003). O artigo ressaltava que, nos dois casos, as mães vivem angústias e expectativas semelhantes. "Apesar de ficar muito tempo fora, eu me considero uma mãezona", observou Patrícia, diretora de vendas para grandes clientes da Shell, 50 anos. "Quando um filho a impede de fazer o que gosta, você corre o risco de virar uma chata e um dia acabar cobrando", declarou a atriz Claudia Raia. "Vou ser uma mãe melhor se não deixar de fazer as coisas de que gosto."

Leslie Morgan Steiner, autora do livro *Mommy Wars*, deu dois conselhos.* "O primeiro é: mães felizes são as que têm tempo para os filhos, mas também um trabalho fora de casa. Tente encontrar um emprego flexível e um marido compreensivo. O segundo é que nós, mães, precisamos umas das outras. Temos de nos ajudar e trocar experiências, não importa se trabalhamos ou ficamos em casa." Identifico-me com a Leslie, pois acredito que dividir nossas vivências com outras mães – seja num papo na porta da escola ou numa pausa do trabalho – é a grande chave para nos sentirmos mais seguras, fortalecidas, amparadas. E, de

* Em entrevista à revista *Criativa*, de setembro de 2006.

certa forma, ver o quanto foram úteis esses encontros, que nos permitiram ver que não somos infalíveis e nem mesmo podemos ter a ambição de ter controle sobre tudo... Além de conseguir dicas valiosas e aprender com outras mães, também dá para rir bastante. Lembro de uma moça, no avião, desarvorada sem dar conta de duas crianças, enquanto a aeromoça avisava que sua blusa estava vestida do lado do avesso! Ao que ela respondeu: Menos mal, já saí de casa calçada com um pé de cada par de sapato. Ou da colega que contou ter levado o filho fantasiado de drácula para uma festa de Halloween uma semana antes da data. Hoje relembra a cena e acha engraçado. E sabe que ninguém é mãe pior por conta desses pequenos deslizes.

Inteligência maternal

Qual não foi minha surpresa quando abri a Folha Equilíbrio (Caderno do jornal *Folha de S.Paulo* de 6 de julho de 2006) e li que pesquisas mostram que mães têm melhor desempenho em testes cognitivos, além de aumento de capacidades sensoriais e de maior tolerância ao stress. Em um levantamento feito nos Estados Unidos, em 2004, com mulheres que haviam tido filho dois meses antes, uma alta porcentagem disse estar menos ansiosa e estressada e capaz de realizar várias tarefas simultâneas com mais habilidade. "A experiência é um fator fundamental para a estrutura do cérebro. No caso da maternidade, trata-se de uma experiência multissensorial, que modifica as sinapses", afirma Cláudio Mello, professor do Instituto de Ciências Neurológicas da Oregon Health and Science University e conselheiro do Instituto Internacional de Neurociência de Natal. No livro *Inteligência de Mãe*, de Katherine Ellison, citado no mesmo artigo do Equilíbrio, ela diz que as mães experimentam benefícios em cinco áreas: percepção, eficiência, motivação, inteligência emocional e resiliência, ou seja, capacidade de superar uma situação ruim. Nada mal, não é? Isso me lembra dos desafios do dia-a-dia: desde não ralhar demais com uma criança pequena que geralmente não tem noção do que faz até aprender a convencer cada filho adolescente de maneira diversa, pois as estratégias que funcionam bem com um não dão certo para outro. Engraçado é que geralmente lhe dão o título de mãe eficiente (ou bem-sucedida) quando seu filho vai dormir na casa dos outros e se comporta bem o tempo todo. Aí dá para respirar aliviada, mesmo que seja preciso agüentar a bagunça ou a malcriação dentro de casa. Por que será que as pessoas se ligam tanto naqueles programas estilo Supernanny (ou superbabá)? Será que é para aprender com eles ou, ao observar os dramas da vida alheia, percebem que os problemas da sua casa ou de seus filhos são tão menores...

"Não teria equilíbrio emocional para cuidar de meus filhos se não tivesse a realização profissional. Para mim, as duas coisas se interligam. Uma move a outra."

EMPRESÁRIA CAPIXABA, FILHOS DE 7 A 9 ANOS.

Termômetro da felicidade

Assim como o termômetro da culpa (veja p. 116), apresentamos às mães um "termômetro da felicidade", com uma escala de 1 a 10, sendo 10 o máximo da felicidade e surpresa: a nota média foi 9! A melhor notícia é que a felicidade das mães é maior do que a culpa! Exatamente por isso, creio eu, as mães conseguem achar energia e determinação para seguir adiante. Se a culpa fosse superior à felicidade, dificilmente as mães conseguiriam levar em frente seus projetos profissionais. De alguma forma, a felicidade ajuda a aplacar ou acalmar a culpa vivida por elas.

A felicidade é ligeiramente superior entre mães de filhos de 0 a 2 anos, talvez porque estejam vivendo o momento mais mágico da maternidade, o da descoberta do que é ser mãe. A média delas é de 9,4, contra 8,9 nas mulheres com filhos nas demais faixas etárias. Entre as profissões não há diferenças, o que mostra que o padrão de felicidade vivido por elas não tem a ver com a escolha profissional.

Vale a pena?

Pensando em todos os aspectos da combinação da vida pessoal com a vida profissional, você diria que:

Vale muito a pena, a qualquer preço	51%
Vale a pena, mas o preço é alto	48%
Não vale a pena	1%

De todas as mulheres entrevistadas, apenas 1% (8 delas) acha que não vale a pena o embate mãe e profissional. Pode-se prever que dentre as que não puderam responder o questionário (pois não atendiam a todos os filtros da pesquisa), muitas abandonaram o projeto da maternidade já prevendo o dilema ou o preço alto demais. Mas a aprovação de 99% das que se lançaram a esse desafio mostra que combinar maternidade e trabalho é uma estrada sem volta na vida feminina. Elas estão firmes e decididas, mesmo que 48% das pesquisadas achem o preço alto. Já 51% delas consideram que vale a pena a qualquer preço. As duas dimensões são conquistas femininas: a maternidade – algo que sempre foi próprio da mulher –, e a vida profissional, sua conquista mais recente. Queremos apenas somar e não excluir uma das dimensões.

Ainda falando de felicidade, uma pesquisa da Market Analysis realizada para o suplemento Feminino do jornal *O Estado de São Paulo*, ouviu homens e mulheres em três capitais brasileiras. E concluiu que as mulheres hoje são mais felizes do que antes da emancipação feminina (83% responderam sim e 17%, não). Veja que curiosa a pergunta sobre o lugar da mulher: na cozinha, no escritório ou na cama? A resposta vencedora foi: todas as alternativas anteriores (com 94%). Ou seja, a mulher é percebida atualmente como um ser presente em todos esses âmbitos. É um novo perfil que vem se desenhando há algumas décadas, mas que podemos entender como consolidado neste início de século. E é ele que vai ser determinante para as novas gerações.

Mamãe-modelo

Acho que, no fundo, as crianças têm, ao lado das reclamações rotineiras pela presença da mãe, um enorme orgulho de sua vida profissional. Ver a atividade da mãe, saber das contribuições de seu trabalho para a sociedade é fonte de grande prazer e orgulho em nossos filhos. Eles sabem que têm mães que seguem amando-os intensamente, mas que também têm uma outra produção social.

Num sábado, meu marido, minha filha (na época com 7 anos), um amigo da mesma idade dela e eu almoçávamos em minha casa. No meio do nada, meu marido solta uma pergunta para as crianças: "Pedro, quando você se casar, vai querer que sua mulher trabalhe?" Pedro refletiu por um tempo e respondeu: "Não." Na seqüência, meu marido fez a mesma pergunta para nossa filha, com ajustes: "Você vai trabalhar depois que se casar e tiver filhos?" A resposta veio rápida e direta: "Claro!" No fundo, as duas crianças reproduziram os modelos que ambos tinham em casa. A mãe do Pedro não trabalhava e a da Beatriz, sim. Enfim, trabalhar fora também é uma forma de gerar modelos com os quais nossos filhos irão construir suas próprias histórias no futuro. Nada mais razoável do que ambos reagirem a partir das histórias domésticas de cada um, respeitando os modelos aprendidos e incorporados.

O Gabriel também tem orgulho da minha vida profissional, isso fica claro nesse desenho que ele fez enquanto eu viajava para dar uma palestra em Uberlândia. Ele me desenhou falando para um público que aplaudia e comentava efusivamente as mi-

nhas explicações, numa visão de filho idealizada. Na parte de baixo, ainda expressa totalmente seu amor por mim, o que me conforta, é claro, pois me considero uma mãe dedicada.

Esse colorido traço do Gabriel me ajuda a confirmar, em meus momentos de dúvidas, minha suspeita inicial: sim, é esse o modelo de mulher que pretendo passar para meus filhos. De uma mulher que trabalha e se dedica a eles e que, apesar da correria, é realizada e feliz. Se eu conseguir transmitir essa mensagem, já ficarei muito satisfeita.

Alegria e conquista

Dá para perceber que a abordagem positiva das mães em relação à dupla missão é um sentimento universal. Em primeiro lugar, ninguém que deu à luz (ou adotou um filho) voltaria atrás. Isso fica claro também no Stanford Survey*, em que a resposta à pergunta sobre ter ou não filhos foi SIM para 98% das entrevistadas. Nenhuma questão teve resposta tão unilateral. Dentro do mesmo grupo de mulheres, embora 42% tenham dito que o lado profissional ficou comprometido, 48% notaram que suas carreiras foram enriquecidas (decolaram ou tiveram um *plus*) com a chegada dos filhos. Muitas disseram que ter filhos significa reorganizar prioridades e ter perspectiva de

> *"O meu trabalho faz parte do meu aprimoramento como ser humano, e isso se reflete na educação que dou para o meu filho."*
>
> EMPRESÁRIA PAULISTA, FILHOS DE 7 A 9 ANOS.

---

* Pesquisa que embasou o livro *Getting it Right – How working mothers successfully take up the challenge of life, family, and career*, Laraine T. Zappert, Ph.D.

vida mais saudável. Além disso, a chegada da prole melhorou a imagem que fazem de si mesmas (é claro, percebem-se poderosas e dando conta de novos desafios). E veja só: as dificuldades de lidar com as crianças as deixaram mais preparadas para batalhas dentro da empresa! Quantas brasileiras em cargos de chefia não chegaram às mesmas conclusões?

O mercado de trabalho é claro: 26% das famílias brasileiras são chefiadas pelo sexo feminino, segundo o IBGE. As mulheres são mais de 40% da população ativa do país, mas ganham apenas 67% do salário dos homens, na mesma função. Poucas atingem cargos gerenciais (24%) e, se pensarmos em todas as idéias já resumidas nestas páginas, vemos que isso não é uma ambição primordial para as mulheres, principalmente não para as que têm filhos. Também segundo o IBGE, dos 53,8 milhões de mulheres entre 15 e 44 anos, 18,5 milhões trabalham fora e têm filhos. Todos esses números, dos quais boa parcela é mão-de-obra qualificada (até porque as mulheres têm mais anos de estudo, em média, do que os homens) fazem com que as empresas se esforcem e ofereçam novos benefícios para que suas funcionárias não as abandonem na chegada do primeiro bebê. Isso prova o valor que temos: de cuidar da educação dos filhos e das tarefas do lar, em poucas décadas passamos também a acumular o gerenciamento e a divisão de contas da casa e a mostrar nossa capacidade ao mundo empresarial, onde já nos tornamos indispensáveis.

Se a alegria da maternidade é algo primordial e enriquecedor em nossa vida (e dela não abrimos mão!), as conquistas no mundo do trabalho também nos colocam numa posição valorizada. Mais do que tentar equilibrar família e profissão, o desafio atual é abrir espaço para viver os dois momentos em sua plenitude. E mostrar nossas fragilidades, sem medo de julgamentos, pode ser outro ponto positivo: só mesmo expondo nossos limites é que seremos ajudadas, respeitadas e admiradas nessa dupla missão. Como disse Ana Altenfelder: ser mãe é um caminho de desenvolvimento. Se pensar em ser mãe e ainda profissional, então, vejo dois caminhos que se cruzam, se entrelaçam. E eles vão desembocar, os dois, nessa verdejante estrada percorrida pela mulher contemporânea.

CAPÍTULO 6

Marcas de Mãe

A comunicação das marcas dirigidas
às mães que trabalham exige das
empresas um esforço extra.
Poucas marcas têm o privilégio de
ganhar o status de parceiras.
E as que conseguem esse posto
são aquelas que, pelo menos em parte,
ajudam a segurar algum dos
pratinhos da vida de equilibrista.

Uma das minhas exigências profissionais é estar atenta à comunicação das marcas. Parte do meu dia-a-dia é dedicada a entender o quanto as marcas retratam bem ou mal os anseios dos consumidores. Percebo que a missão dupla das mulheres, com todos os contornos que ela assume, não passa despercebida por quem pensa sobre a comunicação. Em linhas gerais, a publicidade é um espelho das manifestações da sociedade, sempre tentando estar um passo à frente da realidade, gerando um possível efeito aspiracional.

Nessa tentativa de retratar a mulher, a propaganda muitas vezes faz um retrato simplista, mostrando apenas uma das facetas femininas. Por exemplo, mostra a mulher em uma situação específica como dona-de-casa e ignora os demais papéis. Ou mostra uma mulher 100% sedutora que abafa todas suas outras dimensões. Assim, em geral, retrata pedaços de mulher. São poucas as peças publicitárias que conseguem revelar uma mulher que equilibra bem seus papéis, que consegue jogar a dupla missão de forma harmônica.

Também como retrato da sociedade, o tema da culpa é um dos mais freqüentemente associados às mulheres. Não raro são mostradas mulheres culpadas e em conflito que buscam nas marcas anunciadas a solução dos seus dilemas. Dois exemplos, um mais antigo e um mais recente, chamaram-me muito a atenção. O primeiro é o de uma faixa pendurada na porta de uma pré-escola no bairro da Aclimação, em São Paulo. A faixa, dessas que vemos aos montes pelas ruas, apresentava a "proposta" dessa escola:

"Mamãe, fazemos tudo que você faria se não trabalhasse fora".

Não resisti e na hora, como estava com uma máquina fotográfica, registrei o anúncio com uma foto.

Claramente, a mensagem lida com a culpa da mãe. "Coitada, ela não pode dar atenção ao filho e por isso a escola a substitui", é a mensagem subliminar que compreendemos. Ou podemos entender assim: já que a mãe é ausente, nós (pré-escola) damos um jeito de compensar aqui. Posso imaginar quantas mães viram essa faixa e como elas se sentiram diante do recado: odiando a escola ou odiando a si mesmas. Eu fiquei com a primeira alternativa e também muito indignada pelo tipo de chantagem emocional promovida pela escola. Enfim, é um bom exemplo para mostrar como as empresas usam a culpa como forma de expressão da dupla missão.

O segundo exemplo é mais indireto do que o primeiro, mas usa igualmente o tema da culpa nas entrelinhas. Há uns dois anos deparei-me com um manual de uma grande marca de ingrediente culinário. Nesses manuais, as empresas expressam a proposta da marca, sua personalidade e qual o seu valor para o consumidor. Nesse caso em particular, em certo momento do texto, encontrei a seguinte frase: *"Uma mãe goiana cozinha o almoço dos filhos. Pensa neles e sorri. Acerta o sal."* E na outra folha: *"Uma executiva sai apressada, olha o filho que ainda dorme com uma ponta de angústia. Pensa: De noite vou fazer um bolo para ele. Vai ser de laranja."*

Num breve texto como esse, vejo retratados vários temas que já abordei em capítulos anteriores. A mãe goiana provavelmente não trabalha fora. Observem que ela é chamada de mãe. E é retratada como feliz (ela sorri) e dedicada aos filhos (pensa nos filhos e é cuidadosa com o sal). Não há sinais de nenhum conflito ou mal-estar associado a essa mãe. Tudo está em plena ordem, afinal, segundo o texto, ela cumpre bem seu papel. Já a coitada da executiva, que não é chamada de mãe, apesar de ser mãe pois tem filhos, só traz o lado conflituoso da vida de equilibrista. Ela sai apressada, está angustiada e cheia de culpa. Se der, à noite, ao chegar (provavelmente exausta) tentará reparar um pouco da sua culpa fazendo um bolo de laranja. Ela sai de casa sabendo que está devendo algo para o filho, deve passar o dia todo com a culpa martelando sua cabeça e, ao retornar para casa, tentará mudar esse clima. O texto é pequeno mas bem significativo, já que aponta um forte julgamento de valor. Claramente a mãe goiana, sorridente, está em paz. Pelo menos é o que o texto quer nos fazer crer.

Os exemplos publicitários são múltiplos. Alguns mais, outros menos felizes no retrato das mulheres. Recentemente, tive o privilégio de realizar um trabalho pela minha empresa com o apoio da Editora Abril. Eu e mais uma equipe de pessoas analisamos aproximadamente 2.700 anúncios veiculados na revista *Claudia* nos últimos 45 anos. Ler e ver os anúncios foi uma verdadeira aula de história sobre o comportamento feminino. Analisamos anúncios desde a primeira edição de *Claudia*, em outubro de 1961, até outubro de 2006. As conclusões a que chegamos com esse trabalho foram muitas. Algumas têm muito a ver com o tema deste livro e, por essa razão, trago-as para uma discussão maior.

Em 1961, o retrato da mulher era, até certo ponto, simples. Para mostrá-la na propaganda no início da década de 60, bastava colocá-la em casa, com um avental, no seu ambiente mais natural (a casa) e com um sorriso de satisfação para a família. Pronto! Estava definido assim o modelo aspiracional da mulher dessa época, 100% voltada para a casa e a família. Não havia quase nenhum conflito aparente, ela era feliz ou, pelo menos, mostrava-se satisfeita dessa forma.

Nesse anúncio da Santista Têxtil, veiculado em maio de 1963, a mulher sorridente brinca com a filha no quarto. Provavelmente ela arrumou o quarto e a cama, e, após concluída a tarefa, concede um espaço para divertir-se com a filha.

O título reforça: "Ela é uma dona-de-casa feliz!" E devia ser mesmo, naquela época, provavelmente, esse era o ideal das mulheres. A dupla missão quase não existia e a mulher funcionava no mecanismo "mono". Cuidar da casa, agradar o marido e educar os filhos eram suas missões enquanto boa mãe e esposa.

A comunicação da marca Fórmica, famosa empresa de revestimentos, em anúncio de novembro de 1963, mostra também um retrato bem fiel da mulher da época. Ela está cozinhando, vestida com avental e lenço na cabeça. A cozinha é tão grande que mais parece um palco onde ela encena suas contribuições para a família. Era nesse espaço, quase único, que desempenhava seu melhor papel.

Nessa década, sabia-se claramente o que esperar e cobrar de uma mulher e de um homem. Cabe aqui um parênteses: se fizéssemos uma análise histórica dos anúncios para os homens também veríamos como hoje é mais complexo falar com eles.

Como representar a figura do pai: o provedor ou o pai carinhoso e participativo? Ele também não é mais um ser mono. Talvez ainda não esteja tão envolvido nas atividades domésticas e familiares como as mulheres gostariam, mas também não é mais apenas aquele que paga as contas da casa. Nesse anúncio da marca VISA veiculado numa revista americana de negócios, a *Fast Company*, em 2006, o pai retratado parece-se muito com as mães atuais, equilibrando todos os papéis de uma só vez. Acho apenas que as mulheres, apesar de toda a sobrecarga, não são retratadas de forma tão desajeitada como o homem desse anúncio. E também apareceriam com a atenção mais dividida entre o bebê e a tela do computador.

O anúncio da Phililustre é também um bom exemplo para relembrarmos como homens e mulheres tinham uma representação bastante clara na propaganda. Na peça publicitária, cada um aparecia com uma função bem definida: enquanto ele se dedicava a lustrar o carro (sem dúvida, um forte símbolo de representação da masculinidade), a mulher passava, calmamente, a roupa. E ambos usufruíam da boa iluminação produzida pela marca Phililustre, realizando com mais perfeição suas tarefas cotidianas. Tudo simples, único e direto. Bons tempos!?

Mas as mulheres foram mudando e as marcas precisavam rever seus formatos e linguagens para espelhar a nova realidade feminina. Na década de 80 começam a surgir os primeiros anúncios mostrando uma mulher que desempenhava alguma atividade profissional. Nessa fase de estabelecimento da nova função que era incorporada a seu papel de boa mãe e esposa, a propaganda acentuava esse aspecto de forma bastante intensa. E, por outro lado, abafava ou ignorava as outras dimensões femininas, como ser mãe ou esposa. As imagens de mulheres retratadas nessa época, em certo sentido, continuavam "mono", só que no outro extremo. Ficava para trás aquele retrato da mãe apenas e entrava em cena a mulher profissional. Ela saía de um pólo de atenção, da casa, e ia para outro, o do trabalho. Era uma coisa ou a outra.

Somente no século XXI a comunicação das marcas começa a mostrar a missão dupla das mulheres. Ela começa a ser representada nos anúncios de uma forma inteira, combinando seus múltiplos papéis. Não é mais só a mulher-mãe, ou a mulher sedutora ou a mulher-profissional. É a combinação de todas essas frentes de ação, é a mulher equilibrista. Se essa combinação na vida real já é difícil para as mulheres, a tarefa das marcas de retratar essa integração de papéis é bastante complexa. Era tão mais fácil mostrar a mulher na cozinha, como na década de 60, ou só no escritório, como no fim dos anos 80, mas como mostrá-la de forma plena, completa, equilibrada, combinando suas múltiplas facetas? A comunicação das marcas complicava-se bastante. O que não faltavam eram pesquisas descrevendo como era a nova mulher. Mesmo com toda a informação disponível, a tarefa de retratar a mulher contemporânea não é fácil. O que vemos hoje são, muitas vezes, tentativas mais ou menos felizes de mostrar essa desafiante mulher do nosso século.

Na busca pelo retrato fiel, muitas marcas apóiam-se nos sentimentos e angústias associados à dupla missão. Nesse repertório, dois temas são mais recorrentes e apropriados pela propaganda: a sobrecarga a que a mulher está submetida e a culpa que ela carrega pela dupla jornada. Ora mostram uma mulher que tem mil coisas para fazer, que mal dá conta de tudo e sofre por isso. Ora mostram a mulher deixando de se dedicar à família e, por isso, mergulhada numa profunda culpa. Podem observar. Basta uma leitura mais atenta dos anúncios ou observar os intervalos comerciais na TV. Vocês verão uma mulher sobrecarregada e exausta ou culpada e buscando compensações.

De um jeito ou de outro, o que devemos comemorar e ver como um avanço é o novo olhar das marcas sobre as mulheres. Afinal, mesmo que tarde, a mulher aparece retratada como alguém que não é só um pedaço de mulher. Ela é "estéreo", *dolby*, digital, *surround*. Enfim, tudo menos "mono".

Nesse anúncio da GM para o carro Zafira, a chamada é bem explícita e enfatiza a pluraridade feminina atual: "Cabem a mulher moderna, a mãe, a esposa, a empresária e a dona-de-casa. E como ninguém é de ferro ainda sobra espaço para umas comprinhas." E o texto, abaixo da chamada principal, começa assim: "A mulher de hoje desempenha vários papéis, no Chevrolet Zafira cabem todos eles."

O anúncio assume a mulher multifacetada e, de forma pertinente, apresenta o carro como à altura dessa mulher. A idéia que fica para uma potencial consumidora da Zafira é que só um carro tão espaçoso e versátil comporta uma mulher tão múltipla como essa. Confesso que eu mesma tenho uma Zafira e me encaixo bem nesse público-alvo. Ponto para a GM e sua agência de propaganda.

E nada mais coerente do que, diante da correria em que a mulher vive hoje, as marcas pensarem em otimizar o tempo disponível das mulheres. No capítulo Caindo na Real ficou bem cla-

ro o valor do tempo para todas nós. E mais ainda se pensarmos no tempo dedicado a nós mesmas. Nessa trilha, um bom exemplo é essa propaganda do Banco do Brasil veiculada no dia internacional da mulher em 2006. O anúncio dizia: "Tempo para os filhos, tempo para as amigas, para o marido, para o trabalho. Hoje o tempo é todo seu." Mesmo que nos coloquemos em último lugar na escala de prioridades, temos consciência dessa condição e o anúncio do BB é feliz em trazer à tona esse tema.

Indo nessa mesma direção, a marca Tio João se propõe a dar uma mãozinha para a mulher sobrecarregada. Esse anúncio, de 2006, expressa no texto a seguinte afirmação: "Você cuida da sua carreira, da sua casa, do seu marido, dos seus filhos, a gente resolveu cuidar do arroz. Arroz Tio João. O arroz que acompanha você." De modo claro e preciso a marca quer dar uma conotação de que é cúmplice da correria feminina e se coloca como uma aliada. Sim, é uma mensagem sedutora e mobilizadora. A mulher guerreira de hoje busca marcas e produtos que prometam aliviar a carga que recai sobre ela.

Existe um denominador comum nos anúncios da GM, do BB e do Tio João: eles refletem a multiplicidade de papéis femininos. Compreendem a situação das mulheres, são cúmplices e propõem soluções, em forma de banco, carro ou arroz. Não importa. O que vale é que eles demonstram compreensão da situação vivida pelas mulheres e querem atenuar a sobrecarga que elas experimentam. Dão um passo muito à frente das marcas Fórmica, Phililustre ou Santista Têxtil na década de 60.

E vemos até um movimento mais inovador ainda, pelo menos em termos de Brasil. O Banco Real, numa recente campanha voltada para as mulheres, lançou um site: www.mulherreal.com.br. Essa iniciativa chama as mulheres para trazerem histórias reais para as páginas desse site e avisa que algumas delas serão escolhidas para anúncios do banco. Na recente edição especial da Editora Abril, Mulheres do Brasil, lançada em maio de 2007, foram veiculados 5 anúncios mostrando histórias de mulheres. Uma dessas historinhas em particular me chamou a atenção: a história da "Adriana".

Claramente a Adriana é uma mulher que está fazendo o caminho de volta para casa. Cansada da vida exaustiva de executiva, prefere retomar sua vida de dona-de-casa e mãe em tempo integral. Essa realidade mostra, talvez, algo que possa vir a acontecer para um maior número de mulheres daqui pra frente. Tenho minhas dúvidas se esse é ou não um caminho viável para as mulheres. Mas, de qualquer forma, expressa algo que já deve ter passado pela cabeça de muitas mulheres profissionais.

Em todo caso, esse retrato da mulher feito pela propaganda é sempre uma visão parcial e que nem sempre agrada ao público feminino. Um recente indicador dessa insatisfação feminina diante das propagandas dirigidas a elas encontrei publicado no *Jornal Meio & Mensagem* (caderno especial de março de 2007, sobre mulheres). A matéria relembrava o que havia sido apresentado num congresso em Chicago, em outubro de 2006, com o sugestivo nome de "Marketing to Moms" (ou M2Moms). Em uma das sessões, denominada "Trillion Dollar Moms" (Mães de 3 trilhões), provavelmente referindo-se ao poder de consumo dessa parcela da população, mostrou dados interessantes sobre a credibilidade da propaganda. A pesquisa conduzida pelo "The Haystack Group" revelou que 70% das mães dizem que os anunciantes não estão falando com elas, enquanto 30% se consideram ofendidas com o teor de algumas peças e com a forma como são abordadas. Não tenho esse dado para o Brasil, mas não creio que nossas mães tenham uma visão tão distinta das americanas em relação à propaganda voltada para elas.

Saindo um pouco apenas do discurso de marcas via propaganda, me propus a descobrir quais eram, de fato, aquelas que deixam um registro profundo junto às mães profissionais. Queria saber quais eram as mais admiradas por essas mulheres, aquelas que eram parceiras da vida de equilibrista. Expus essa questão a todas as 800 mulheres entrevistadas via internet na fase quantitativa da pesquisa. Deixei que as respostas fossem espontâneas, sem estimular nenhuma marca. A lista trazida pelas mães é enorme e contempla setores variados. Como era de se esperar, a maioria gravita em torno daquelas empresas que historicamente sempre foram associadas a cuidados infantis. Marcas que concentraram suas mensagens de comunicação na relação mãe-criança. Assim, encabeçam a lista Nestlé e Johnson & Johnson, duas das marcas mais tradicionais, que sempre divulgaram mensagens explorando o tema do amor e carinho entre mães e filhos. Essa lembrança maciça das mães é um reconhecimento do valor e pertinência dessas mensagens. Pampers, da Procter & Gamble, reconhecida marca de fraldas descartáveis é a terceira mais admirada no quesito parceira da mãe profissional. Também é um exemplo clássico de comunicação que trabalhou sempre bem o dueto segurança e carinho de mãe para filho.

Também muito lembradas e admiradas por essas mães estão marcas que, mesmo não falando diretamente de crianças, são consideradas facilitadoras da vida da mulher multitarefa. Marcas que agilizam a vida doméstica, a exemplo de Omo, Sadia e Brastemp. Se pensarmos um pouco sobre elas, vemos que as três prometem liberação de tempo: OMO lavando e deixando as roupas mais brancas, de forma ágil e eficiente; SADIA oferecendo pratos prontos para servir; e BRASTEMP com os eletrodomésticos que agilizam o trabalho e abreviam tarefas. Mas o que me surpreendeu muito foi a lembrança de um outro conjunto de marcas, não tão usuais dentro do território mãe-criança. Nesse grupo estão: Fiat, Microsoft, Sony, GM, HP, Philips e Motorola. São todas marcas que falaram pouco diretamente com as mães e nem se apresentaram como parceiras delas nessa dupla missão. Então por que o privilégio de serem lembradas?

Consigo agrupá-las em 2 subgrupos: automóveis (Fiat e GM) e tecnologia (Microsoft, Sony, HP, Philips e Motorola). As marcas de automóveis acredito que sejam lembradas como parceiras porque permitem o deslocamento das mães profissionais, indo e vindo da casa para o trabalho, da escola dos filhos para casa e para tantos outros destinos. São os carros que permitem a mobilidade dessa mulher contemporânea, que precisa estar em muitos lugares num mesmo dia. A tecnologia também é facilitadora; até aí, nenhuma novidade. Mas essa facilidade, para uma mãe profissional, tem importância dobrada. Com Motorola, Microsoft ou HP, a mulher garante contato entre todas as suas frentes de interesse: trabalho, casa, família, escola. Tudo conectado, de forma ágil, à hora que ela quiser. Permitem que ela se sinta próxima de seus interesses, sem necessariamente estar perto fisicamente. Quantas escolas e berçários já não disponibilizam aos pais um site para que eles possam "visitar" os filhos durante o dia? Não é apenas um mecanismo de controle dos pais. É também uma forma de aproximação. Ponto para as marcas de tecnologia que ganham um espaço no coração (e no bolso) das mães profissionais. Mas, tanto as marcas de automóveis como as de tecnologia se aproximam de alguma forma. Ambas proporcionam mobilidade e proximidade. E essas duas dimensões são extremamente valorizadas pelas mães que trabalham.

Pensando em marcas muito relacionadas ao universo das crianças, lembro-me de imediato da Disney, pois sempre cria personagens que expressam com perfeição sentimentos e atitudes das

Ranking das marcas parceiras – top 12

Marca	%
Nestlé	38%
Johnson & Johnson	30%
Pampers	19%
Omo	12%
Natura	10%
Sadia	9%
Brastemp	6%
Fiat	4%
Microsoft	3%
Sony	3%
GM	3%
Motorola	2%

pessoas. Seja a avareza do milionário Tio Patinhas ou a ingenuidade do ursinho Pooh. Mas, considerando a mãe profissional, o filme "Os Incríveis", da Disney Pixar, traz a melhor caricatura que encontrei. Vocês se lembram da mãe da família? Mulher elástico! Simples e direto, melhor nome não poderia existir para essa personagem. Na história, toda a família dos Incríveis tem poderes. E, não por acaso, o poder da mãe é ser elástica. Estica-se o máximo possível para dar conta de tudo. Soa familiar? Tenho certeza de que muitas vezes ela é tudo o que gostaríamos de ser: um elástico que nos permitisse esticar até onde fosse preciso, sem perder suas características ou o bom humor. Só há um porém, como alerta sabiamente a terapeuta Magdalena Ramos: "o elástico arrebenta!" Muitas vezes, em nosso dia-a-dia, de tanto esticar e tentar dar conta de tudo, tentamos provar que o elástico não arrebenta. Recomendo lembrarmos, antes que seja tarde demais, das palavras da Magdalena nessas horas.

CAPÍTULO 7

Vale a Pena

Realização, culpa, coragem, angústia, satisfação… sentimentos que se alternam e bombardeiam o coração da mãe que trabalha. Para algumas, ganham as dores, para outras as delícias são vencedoras. A vida de equilibrista não tem receitas mas sempre combina uma boa dose de emoção, muita transpiração e uma pitada de inspiração.

Mesmo assim, vale a pena!

Só pelo título do livro que, aliás, surgiu ao longo do processo de escrevê-lo, o leitor já poderia suspeitar de que o tema proposto não seria dos mais fáceis. No mínimo, se pensarmos na vida de uma equilibrista de circo, alguns atributos da profissão me parecem bem nítidos: persistência, dedicação, muito treino, coragem e boa tolerância a riscos.

Em nossa vida de equilibristas, já bem distantes do picadeiro, eu diria que valem os mesmos pré-requisitos. A grande diferença entre a equilibrista do circo e a nossa vida de equilibrista é que a segunda exige uma capacidade de adaptação bem maior. Sinto que em nossa vida de mãe e profissional o "circo" muda a todo instante, seja em casa ou no trabalho. É uma reunião de última hora, uma febre de um filho, uma viagem de trabalho ou uma empregada que pede demissão... pronto! Fica tudo diferente, para o bem ou para o mal, nenhum dia é igual ao outro. Pode ensaiar o quanto quiser: o que conta mesmo é a capacidade de improvisar. E bem rápido.

Aliás, acabo de me lembrar da brilhante teoria de Charles Darwin. Em sua teoria da seleção natural ele dizia que os animais que sobrevivem são aqueles que se adaptam às mudanças. Como nossa vida não é muito diferente disso: ou nos adaptamos ou estaremos fadadas à extinção! Apesar dos enormes esforços que isso possa demandar, a capacidade de adaptação para mim é um dos grandes ganhos de nossa vida de equilibrista: estar sempre pronta para criar, inovar, inventar. Com certeza isso exige um significativo gasto de energia física e mental, mas a satisfação ao conseguir é incomparável. A emoção da conquista deve ser parecida com a da equilibrista sendo aplaudida ao final de sua apresentação no picadeiro. Sentimo-nos como uma supermulher e isso inegavelmente é uma enorme fonte de prazer.

Uma outra forte convicção, consolidada ao longo dos dois anos de preparação do livro, foi a de que a palavra de ordem para todas nós é **equilíbrio**. Saber equilibrar a família e o trabalho é nosso grande desafio. Nos perguntamos a todo instante se a divisão entre família e trabalho está na medida certa ou pendendo para algum dos lados. Sabemos que se a balança puxar mais para o trabalho, a família ficará descoberta. E, no sentido inverso, a carreira ficará comprometida. Qual o equilíbrio então? Boa pergunta... difícil resposta. Talvez a melhor solução seja estar atenta às pessoas que mais importam para nós: marido, filhos e nós mesmas. Fazer esse exercício de auto-avaliação pode ser um bom teste do equilíbrio.

Lembro de dois casos recentes de amigas que fizeram o "teste do equilíbrio". Uma delas, mãe de três filhos pequenos, achou que a balança estava meio descompensada e sentiu a vida familiar um tanto comprometida por sua dedicação ao trabalho. Decidiu parar por um tempo, organizar-se e rever suas prioridades. Fez a opção que lhe pareceu sensata naquele momento. Não quer dizer que seja definitiva, mas foi a alternativa que ela julgou mais correta para sua vida atual.

O segundo caso é de outra amiga que fez o caminho inverso. Mãe de uma filha, ela havia parado de trabalhar no nascimento da menina. Quando a pequena completou 4 anos, ela percebeu que a vida familiar já estava em ordem e, ao mesmo tempo, começou a sentir uma falta imensa do trabalho fora de casa. Voltou ao mercado e hoje comemora a vida mais equilibrada.

Ao final, o importante é que ambas, cada uma à sua maneira, estão felizes com suas decisões. Estou totalmente convencida de que cada uma de nós sabe, no fundo do nosso coração, o que é certo ou errado para nós e nossa família. Dúvidas surgem de tempos em tempos, mas não existe maior sinalizador do que ouvir o que dizem nossos filhos e marido e considerar cada sentimento deles. Para enfrentar a dupla missão, uma boa dose de confiança nessas escolhas também ajuda, pois sem ela não conseguimos seguir em frente. Uma equilibrista insegura tem mais dificuldade em manter todos os pratos girando!

Também termino o livro com a certeza de que perfeição e vida de equilibrista não convivem sob o mesmo teto. Não podemos esperar tirar nota 10 em tudo. Saber e conseguir conviver com alguma imperfeição, com uma nota próxima de 8, exige de nós um bom treino, mas ajuda bastante. Na maioria das vezes, nos cobramos uma performance de padrão mulher-maravilha. E o que mais impressiona não são as cobranças dos outros. São as cobranças que infligimos a nós mesmas! Companheiras, nota 8 já está bom demais. Vamos relaxar um pouco...

Sem dúvida, para mim, escrever este livro foi um grande aprendizado e, ao mesmo tempo, uma terapia intensiva. Reforcei minhas convicções de que adoro ser mãe e curto demais estar com meus filhos. Nem posso imaginar viver sem a maternidade. Ser mãe para mim é amar alguém sem limites, 24 horas por dia, e isso é muito bom.

Também refleti muito sobre o significado do trabalho em minha vida e percebo que sou até melhor mãe por ter uma vida profissional. Gosto do meu trabalho, sinto-me útil, produtiva, em estado permanente de aprendizado. Apesar do cansaço que às vezes bate, não considero a opção de parar de trabalhar. Hoje, meu "teste de equilíbrio" diz que ainda posso seguir adiante na dupla missão.

Sei que meus filhos sentem orgulho do meu trabalho, apesar de, às vezes, demonstrarem uma raivinha pelo tempo que fica mais reduzido para eles. Mas tenho uma forte suspeita: no fundo, eles curtem ter uma mãe ativa, que produz, gostam de acompanhar o resultado do meu trabalho e ver meu nome aparecer algumas vezes nas revistas. Sinto que também sou fonte de orgulho para eles.

Sobre nosso futuro, sobre como serão as próximas gerações de mães equilibristas, confesso que para mim essa questão ainda é um grande ponto de interrogação. Mas algumas coisas acho que ficarão melhores com a crescente participação dos maridos. Se hoje ainda é realidade na casa de apenas algumas equilibristas mais sortudas, creio que no futuro essa divisão de responsabilidades entre o casal será mais democrática. Nossos filhos, meninos ou meninas, dirão se estou certa...

Há também uma corrente, especialmente comentada nos Estados Unidos, do crescente número de mulheres que "voltam para casa" e abrem mão de suas carreiras. De acordo com o censo americano, a participação das mulheres casadas com filhos menores de 1 ano caiu de 59% em 1988 para 55% em 2004. O mesmo censo aponta que são 5,6 milhões de mães em tempo integral no ano de 2005 – em torno de 1,2 milhão a mais do que uma década atrás.

De fato isso pode ser uma tendência mas acredito mais que seja uma busca pelo equilíbrio. Acredito que em alguns momentos da história precisamos radicalizar para achar a medida certa. Voltar para casa talvez seja uma forma de radicalizar para depois buscar o ajuste perfeito entre família e trabalho.

Para terminar, registro aqui um elogio incentivador a todos os maridos e companheiros que fazem a grande diferença na vida das equilibristas. Se, pelo menos, eles segurarem um dos "pratinhos" que equilibramos, nossa vida torna-se bem mais tranqüila. Confesso que sou uma dessas felizardas e talvez por isso tenha sido possível escrever este livro.

Chego ao final sem receitas ou dicas para dar. Aliás, nem me atreveria, porque acho que o equilíbrio é algo muito próprio de cada família. Mas fica registrada minha mensagem: as delícias que experimento são bem mais intensas do que as dores. E por isso, para mim, a vida de equilibrista vale muito a pena!

Apêndice

Mulheres adoram dividir alegrias e agonias em rodas de conversa; e em grupos de pesquisa não é diferente. Mas impressionou o número de respostas do questionário sobre a dupla missão enviado pela internet – quase 800. Mais detalhes sobre a pesquisa, o perfil dos entrevistados e os livros que serviram de inspiração você encontra neste anexo.

"A mesa do escritório é um lugar perigoso para se olhar o mundo." Essa frase maravilhosa, dita há algum tempo pelo ex-CEO da IBM, Louis Gerstner, norteia a forma como encaro minha vida pessoal e profissional. Vale muito mais sair da comodidade do escritório e abrir as janelas para o mundo: ouvir gente diferente, visitar consumidores, entrar de verdade na vida das pessoas, conhecer outras realidades. Tudo isso é bem mais rico do que ficar apenas lendo relatórios enormes sobre comportamentos e tendências. Não que eles sejam inúteis, mas nada mais inspirador do que um giro pelas ruas para sentir as emoções ao vivo.

Para escrever este livro, fiz muito disso: rodei, ouvi pessoas e conheci outras experiências de mães que trabalham fora. Com certeza as emoções, relatos e histórias dessas mulheres contribuíram significativamente para dar um colorido especial ao livro. Desde o início queria que o livro fosse mais do que apenas minha vivência pessoal como mãe e profissional. Buscava que ele refletisse bastante o sentimento comum a todas nós: esse dilema da dupla missão. Para isso, trazer as vivências de outras mulheres era quase obrigatório.

Mas essas minhas andanças não foram desordenadas. Muito pelo contrário. Como parte da minha atividade profissional está relacionada a realizar pesquisas de mercado, desenvolvi um projeto de pesquisa exclusivo para a confecção deste livro. Posso garantir que foi um projeto maravilhoso, um dos mais gratificantes de toda minha trajetória profissional.

Ouvindo mulheres

Em primeiro lugar, queria ouvir as mães que trabalham fora. Para isso, organizei a pesquisa em duas frentes de trabalho, uma qualitativa e outra quantitativa.

Comecei com a qualitativa, que se caracterizava por ser mais aberta e exploratória. Realizei cinco discussões em grupo com mulheres de diferentes perfis, sendo quatro com mulheres que trabalhavam fora e uma com mulheres que, após a maternidade, tinham abandonado a carreira. Em comum, todas eram mães ou estavam prestes a ser, pois estavam grávidas, e pertenciam às classes sociais A e B. Além disso, defini que metade das participantes seria assalariada e a outra metade seria de autônomas. Concentrei essa fase na cidade de São Paulo.

Suspeitava que havia questões específicas que poderiam ter relação direta com a idade dos filhos. Assim, os grupos foram distribuídos da seguinte forma:

- 1 grupo com mães de crianças de 0 a 2 anos;
- 1 grupo com mães de crianças de 3 a 6 anos;
- 1 grupo com mães de crianças de 7 a 10 anos;
- 1 grupo com grávidas de primeiro filho;
- 1 grupo com mães de crianças de 0 a 10 anos que haviam abandonado a carreira após a maternidade.

O questionário que desenvolvi cobria vários temas relacionados à vivência dessas mulheres, como mães, profissionais, companheiras e outros tantos papéis. Apesar de odiar questionários muito longos, a vontade de perguntar era tanta que o questionário ficou bem maior do que eu considero ideal. Foi maravilhoso perceber que, apesar da extensão do questionário, a receptividade à pesquisa foi enorme. Não só elas respondiam como, no final, davam conselhos e dicas para outras mães, espontaneamente. Só a oportunidade de ler esse repertório de conselhos já valeu a pesquisa. Alguns deles também foram citados nos vários capítulos.

Uma outra vantagem da aplicação do questionário via internet foi a ausência de um entrevistador, ou seja, não houve interferências. Com isso, todas tinham mais liberdade para responder sinceramente, sem vergonha e sem medo de serem censuradas. Responder a uma pesquisa desse tipo – via internet – é quase um momento de reflexão, uma pausa para pensar na vida. No total, 800 mulheres completaram o questionário, todas de classe A e B, com filhos entre 0 e 12 anos. Norte, Nordeste, Centro-oeste, Sul e Sudeste, todas as regiões brasileiras foram representadas na amostra final com a opinião de mulheres de 25 Estados brasileiros. Também nessa fase, as mulheres declararam diferentes perfis de ocupação: assalariadas, profissionais autônomas e empresárias.

A voz dos profissionais

É comum em projetos de pesquisa também ouvirmos profissionais que tenham relação com o tema a ser aprofundado. No meu caso, a pesquisa se tornaria mais rica se eu pudesse contar com a opinião de pessoas que, de um jeito ou de outro, tenham contato profissional com as mães que trabalham fora.

Assim, realizei, em conjunto com a Margit Krause, sete entrevistas com profissionais experientes em suas áreas de atuação. Inclui pediatra, pedagoga, professora, diretora de escola, terapeuta familiar, pedagoga curativa e também uma diretora de empresa que explorava esse tema no dia-a-dia da companhia.

Para cada encontro, a Margit e eu desenvolvemos um roteiro para orientar a entrevista. Foram todos contatos maravilhosos, cada um abrindo uma janela nova, trazendo um olhar diferente sobre o tema. Sem dúvida, o que ouvi ajudou muito a compreender várias questões levantadas na pesquisa junto às mulheres.

Mais uma vez, agradeço imensamente a disponibilidade de todos os profissionais e o tempo voluntário que dedicaram ao meu projeto. Os perfis deles estão apresentados logo a seguir.

Adriana Clemente Gardel

Educadora há 23 anos, formada em pedagogia. Mãe, esposa e mulher, "com todas as peculiaridades da classe", atua no ensino de Educação Infantil e Fundamental I. Atualmente coordena o Ensino Fundamental l da Escola Pueri Domus, em Aldeia da Serra.

Ana Altenfelder

Pedagoga curativa e terapeuta social. Após 25 anos de atuação clínica, criou o Método Altenfelder, um sistema de intervenção terapêutica utilizando terapia corporal e terapia floral, para amplo atendimento de crianças, jovens e adultos que necessitam de cuidados especiais. Tem quatro filhos e adora cuidar de "mães equilibristas".

Beatriz Helena Ladeira Rosa Embacher

Atua há 28 anos na área de Educação Infantil e Fundamental I. Formada em Pedagogia, atualmente é professora de Ensino Fundamental I da Escola Pueri Domus de Aldeia da Serra. É casada e tem dois filhos.

Flávia Moraes

Gerente-Geral de Sustentabilidade para a América Latina da Philips. Em 2003, foi encarregada de implantar o Projeto Singulares, que discute questões relacionadas a gênero, etnia e inclusão de portadores de necessidades especiais. Participa do LatAm Women Network, grupo da Philips que debate a condição feminina no mercado de trabalho uma vez por mês. Casada, tem dois filhos.

Dr. Leonardo M. Posternak

Pediatra, pai e avô, é autor de vários livros como *E agora, o que fazer? – A difícil arte de criar os filhos* e *Livro dos Avós – Na casa dos avós é sempre domingo?* Atua em clínica pediátrica há 30 anos e atende em seu consultório no Hospital Israelita Albert Einstein, em São Paulo. É ganhador do Prêmio Jabuti de Psicologia em 2003 pelo livro *O direito à verdade – Cartas para uma criança.* Defende a idéia de uma nova especialidade: o "materiatria", ou seja, um médico especialista em cuidar de mães (uma especialização do pediatra!).

Dra. Magdalena Ramos
Professora do Núcleo de "Casal e Família" desde 1977 na PUC de São Paulo, é autora do livro *Introdução à Terapia Familiar* e organizadora dos livros *Terapia de Casal e Família* e *O Casal e Família como Paciente* e co-autora do livro: *E agora, o que fazer? A difícil arte de criar os filhos.* Casada, tem duas filhas e quatro netos.

Yara Jafet
Médica com especialização em Endocrinologia, trabalha há 24 anos com educação. É pós-graduada em Educação para a Saúde, entre outras especializações. Apaixonada pelas crianças, abriu um berçário e educação infantil em São Paulo, "rompendo com pressupostos pedagógicos engessados e engessadores de crianças e pais".

E muita leitura...

Durante um bom tempo coleciono informações sobre o tema. Tudo que cai na minha mão eu separo e guardo em meus arquivos. Artigos, livros, propagandas, websites – não importa a fonte – tudo sobre mulheres atrai minha atenção.

Antes de escrever este livro, busquei várias fontes que tratavam desse dilema da mãe profissional. No Brasil, encontrei vários artigos interessantes (sempre relacionados nas notas de rodapé ao longo dos capítulos, sempre que fiz referência a eles) e algumas pesquisas publicadas, como a maravilhosa realizada pelo IBOPE (Mães Contemporâneas). Mas não há muita coisa editada em português. Tive que recorrer a livros estrangeiros, especialmente americanos. Embora mostrando uma realidade da mulher bastante diversa da nossa, foram leituras bastante úteis e que ajudaram a ampliar minha reflexão sobre o tema.

A seguir, relaciono essas fontes que me apoiaram, nacionais e internacionais. Aproveito para não apenas mencionar o nome e autor, mas também dar uma breve descrição de seu conteúdo.

E agora, o que fazer? A difícil arte de criar os filhos
Magdalena Ramos e Leonardo Posternak
Editora Ágora, SP, 2004. 2ª edição.
A psicóloga e o pediatra orientam os pais a cuidar melhor de seus pequenos (até os 3 anos). O livro descreve o relacionamento do casal, o papel de pai e mãe e as mudanças quando chega o filho. Também explica vários estágios de crescimento das crianças e a noção de família. Bastante humano e realista, dá muito subsídio para criar os filhos e encampa a noção de que até a tolerância dos pais tem limite. Segundo a dupla, a qualidade do contato conta até mais do que a quantidade!

Getting it Right - How working mothers successfully take up the challenge of life, family, and career
Laraine T. Zappert, Ph.D. Editora Touchstone, NY, 2002.
Baseada em uma pesquisa conduzida na Stanford University Graduate School of Business, que foi respondida por mais de

300 ex-alunas de administração, a psicóloga Laraine aborda temas como: escolher entre carreira e família, lidar com o stress do trabalho e das crianças, o melhor momento para ter filhos e como eles afetam a carreira, como manter o relacionamento saudável. Além de tratar do desafio da dupla missão, fornece pequenos testes e sugere planos de ações, mas tudo considerando a perspectiva americana.

Livro dos Avós – Na casa dos avós é sempre domingo?
Lídia R. Arantangy e Leonardo Posternak
Editora Artemeios, SP, 2005.
A psicoterapeuta e o pediatra usaram suas próprias experiências e as vivências como avós para ajudar avós de primeira viagem. Segundo eles, o século XXI será o dos avós, pois atualmente as pessoas vivem mais e por isso sobra tempo para se dedicar a essa função. Analisam com propriedade o choque entre as gerações, a disputa de espaço com os pais, o ofício de ser avô e também seus direitos. E dão boas dicas: da diferença entre palpite e orientação e até como abordar com os netos o tema da morte.

Maternidade & Profissão, oportunidades de desenvolvimento
Sylvia Mello Silva Baptista
Casa do Psicólogo, SP, 1995.
A psicóloga discute as polaridades feminina e masculina no universo do lar e do trabalho e também a situação da mulher frente ao cuidado da casa e a realização profissional. Faz entrevistas aprofundadas com várias mães e procura ressaltar seus conflitos. Embora difíceis de conciliar, defende que profissão e maternidade são dois aspectos relevantes da experiência humana e oferecem inúmeras oportunidades.

Mommy Guilt

Julie Brot, Aviva Pflock, Devra Renner

Amacom, Nova York, 2005.

Trata-se de um livro repleto de dicas e sugestões com a proposta de fazer as mães se preocuparem menos, se concentrarem no que tem mais relevância e criarem filhos mais felizes.

Mommy Wars

Leslie Morgan Steiner

Random House, Nova York, 2006.

A editora é jornalista do Washington Post e mãe de 3 filhos. No livro ela reuniu 26 mães para falar de suas vidas, suas famílias e das escolhas que fizeram. São mães bastante heterogêneas que dividem em comum uma habilidade: todas são excepcionais escritoras.

Survival Tips for Working Moms

Linda Goodman Pillsbury

Perspective Publishing, Los Angeles, 1994.

Reúne 297 dicas para mães que trabalham nas áreas de alimentação, roupas, tarefas domésticas, lição de casa, etc.

The Feminine Mistake: are we giving up too much?

Leslie Bennets

Hyperion, Nova York, 2007.

Esse livro, recém-editado, propõe-se a discutir o mito de que um homem é um bom plano financeiro. Através da experiência de autora e da vivência de outras mulheres defende que as mulheres precisam da vida familiar e também da profissional. E apesar de concordar na dificuldade dessa dupla missão acredita que seja possível e compensadora.

To Hell With All That
Caitlin Flanagan
Warner Warner Book Group, Nova York, 2006.
A autora busca um caminho diferente: concentra-se na opção das mães que abrem mão da carreira para ficar em casa e cuidar da família. Explora as dificuldades dessa decisão, as críticas sofridas e as recompensas conquistadas.

Vida de Mulheres, cotidiano e imaginário
Marina Massi
Imago Editora, RJ, 1992.
Uma reflexão sobre a vida das mulheres e suas posturas em relação à casa, ao trabalho, ao marido, aos filhos e a projetos formam o conteúdo deste livro. A psicanalista Marina questiona temas como a supermulher e a supermãe, aborda as mudanças da maternidade, a culpa, a invisibilidade do trabalho doméstico, o valor do trabalho fora de casa e os conflitos no casamento. Tudo pontuado por depoimentos de mulheres de vários perfis, entrevistadas em sua pesquisa.

When Mothers Work – Loving Our Children Without Sacrificing Our Selves
Joan K. Peters
Perseus Publishing, Cambridge, Massachusetts, 1997.
Do ponto de vista americano, a escritora (Ph.D. em literatura) discute o desafio da maternidade/paternidade e sugere que pais felizes e realizados (com vida profissional) são pais melhores para seus filhos. Derruba alguns mitos longamente aceitos na sociedade americana, segundo os quais muitas mães deixam tudo de lado em prol da dedicação total aos filhos, e oferece conselhos. Entrevistas com casais de vários perfis culturais e comportamentais diferentes dão riqueza ao relato.

Women and the Work/Family Dilemma: how today's professional women are finding solutions

Deborah J. Swiss, Judith P. Walker

John Wiley & Sons, Nova York, 1993.

Como conciliar ambições de carreira com a vontade de ser uma boa mãe? O livro dessas duas profissionais e mães oferece estratégias para conciliar e equilibrar os dois papéis. Entre os temas discutidos estão: o mito da supermulher, como pedir ajuda, carreiras meio período, as novas empresárias, a escolha de ser mãe em período integral. Em resumo, colocam frente a frente a escolha de carreira e maternidade e como uma influencia a outra.

Novos dados da pesquisa

Várias informações coletadas na pesquisa quantitativa foram apresentadas ao longo dos capítulos. Porém uma boa quantidade de dados ficou fora da estrutura principal do livro.

Aproveito este espaço final para revelar esses dados que são interessantes e que ajudam a completar o retrato das mães equilibristas.

PERFIL DAS ENTREVISTADAS

Idade das mães

22 a 30 anos: 31%

31 a 39 anos: 51%

40 a 49 anos: 18%

Idade dos filhos

0 a 2 anos:	26%
3 a 6 anos:	39%
7 a 9 anos:	24%
10 a 12 anos:	11%

Estado Civil

Casadas/vive junto:	79%
Solteiras:	11%
Divorciadas:	9%
Viúvas:	1%

Renda individual mensal

R$ 2.000 e R$ 3.000	5%
R$ 3.000 a R$ 5.000	47%
R$ 5.000 a R$ 8.000	20%
mais de R$ 8.000	10%
Não responderam	18%

Perfil ocupacional

Assalariada:	62%
Autônoma/profissional liberal:	20%
Empresária:	18%

Número de filhos

1 filho:	62%
2 filhos:	33%
3 filhos ou mais:	5%

Atitudes diante da vida de equilibrista

Foi apresentada a todas as mulheres uma lista de frases e foi avaliado o nível de concordância ou discordância com cada uma delas utilizando-se uma escala de 5 pontos, sendo 1 a discordância máxima e 5 a concordância máxima. Abaixo segue toda a relação de frases avaliadas em ordem decrescente de concordância com as respectivas médias (entre 1 e 5).

	Média
Minha maior alegria é ser mãe.	4,53
O que conta mais é a qualidade do contato com a criança do que a quantidade de horas que ficamos com os filhos.	4,17
Acho minha rotina muito sobrecarregada.	3,86
À medida que os filhos crescem, vai ficando mais tranqüilo trabalhar fora de casa.	3,76
Trabalho porque quero ser independente financeiramente do meu marido/companheiro.	3,64
Sinto-me muito cansada para conseguir equilibrar todos os meus papéis.	3,64
Sempre converso com outras mães que trabalham fora sobre assuntos ligados a nossa vida dupla.	3,62
Meu ideal é ter um negócio próprio e fazer meu horário.	3,51
O marido ajuda bastante a mulher para que ela trabalhe e consiga cuidar dos filhos.	3,3
Preferiria ganhar menos e ter mais tempo para ficar com meus filhos.	3,25
Se tivesse condições financeiras, eu pararia de trabalhar.	3,16
Sinto muita culpa por trabalhar e não ficar tanto com meus filhos.	3,09
Os avós são fundamentais para que eu exerça minha vida profissional ajudando-me a cuidar dos filhos.	3,07
Nunca abriria mão do meu trabalho.	2,84
Já pensei em parar de trabalhar por causa dos filhos.	2,80
Minha carreira teria deslanchado mais se eu não tivesse filhos.	2,28
Sinto uma pontinha de inveja das minhas amigas que não trabalham.	2,0

Edições Loyola

impressão acabamento

rua 1822 nº 347
04216-000 são paulo sp
T 55 11 6914 1922
F 55 11 6163 4275
www.loyola.com.br